押田成人著作選集

2

世界の神秘伝承との交わり

九月会議

日本キリスト教団出版局

九月会議の時に（1981年9月　高森草庵 にて）

インド訪問の折に（左端アビシクタナンダ、右から二人目が押田神父、その左がマレー・ロジャース）

お田植えを終え、祈りをこめて太鼓を打つ（1980年）

高森草庵の慰霊林にある
押田神父のことば
「限りなき なみだの海に
消えず 立たなむ」

押田成人著作選集２『世界の神秘伝承との交わり——九月会議』

※本巻に収録された文章の中には、現在の観点からは差別的と受け取られかねない語句や表現がある。しかし著者の意図はそうした差別を助長するものではなく、文章自体の価値、著者が故人であるといった事情を考慮し、ほぼ底本どおり表記した。

編者・宮本久雄、石井智恵美

※頁末の注、および〔 〕は、編集の段階で付した。なお、文中内の（ ）は原文によるもの、各章の巻頭に掲載されている《いざない》は編者によるものである。

日本キリスト教団出版局

刊行によせて

人はなぜ、自分には計り知れない苦しみや病にであうのでしょう。あるいは、人はなぜ自らの深くに痛みを覚え、根源的なよりどころや霊的なものを求めるのでしょう。

こうした問いに、今回の著作選集の著者である押田成人《しげと》は応えてくれることでしょう。押田師は、二〇～二一世紀に生きた、霊的な賜物をゆだねられた稀有な人、預言者的な人でした。カトリックのドミニコ修道会に属する司祭でありながらも、いわゆる修道院での修道生活を過ごしたわけではありません。八ヶ岳山麓に「高森草庵」という円《まど》いをひらき、祈りと思索のうちに「無行の行者」として生きました。また、農耕生活を営むかたわら、国内外の人々や精神指導者と対話して協働し、名もない人の塗炭《とたん》の叫びを代弁し、世界各国で霊的指導を行った人でした。師から放たれる静謐にして美しいことばは、ときに水面《みなも》に映る光のように輝き、あるときは現代文明に潜む「魔」を焼き尽くすような烈しいものともなります。さらにそのことばは、それを受け取る人の深くにあるものを照らし出し、彼方からのまなざしで物事をながめることを促します。

押田師の姿や思索、霊性をたどるものとなるよう編まれるこの著作選集では、師が生きた歩みにそって一つひとつの文章が並べられています。

1巻『深みとのめぐりあい――高森草庵の誕生』では、師の修道司祭としての召命を決定的にした出来事に始まり、高森草庵での生活、草庵近くにあるいのちの泉「小泉」の水を巡る問題、まことをあらわす言葉である「コトことば」について描かれます。2巻『世界の神秘伝承との交わり――九月会議』では、押田師が世界の精神指導者や宗教的伝承に出会っていく様、その一つの実りとして一九八一年九月に高森草庵にて開かれた「九月会議」の記録、現代の「受難」や「虚構」に警鐘を鳴らすことばが鋭い響きを残します。3巻『いのちの流れのひびきあい――地下流の霊性』では、「ひと」や「こと（まこと）」の本質がたどられるとともに、押田師の歩みの結実とも言える「地下流の霊性」――師自身が自分の思索や思想をそのように名づけたことはありませんが――が立ち現れます。押田師による聖書の私訳やミサ説教も収められています。

これら三巻に収録されるのは、すでに刊行されている押田師の著作物からの文章が中心となりますが、それに加え、その思想や霊性を全体のながめから受け取ることができるよう、師の未発表原稿、師を知る人によるエッセイ、師の姿や高森草庵の生活を示す貴重な写真なども収められることとなりました。

魂の飢え渇きが叫ばれ、人間の絆が引き裂かれる危機的現代にあって、人間存在の根源や霊性のよりどころを示すことは緊急の課題であると言えましょう。押田師のことばは、現代に渦巻く環境破壊、核問題、宗教対立といった課題の根にあるものを気づかせ、それらへの根源的な解決への手がかりを示すとともに、キリスト教やその枠を超えた霊性の流れをも私たちに伝えてくれることでしょう。

押田師が私たちにのこし、いまなお燃え続けている「まことの火」。この選集に息吹くことばに触れられるみなさまが「深み」とひびきあわれ、その内なる泉に生けるいのちの水があふれますことを切に願い祈ります。

「思わなくにめぐりあいつつ　渓流のごと流れゆくべし」

二〇二〇年　大寒　雪裏《せつり》の梅花《ばいか》只一枝《ただいっし》

編者　宮本久雄、石井智恵美

＊目　次＊

刊行によせて（宮本久雄、石井智恵美）……7

四　神秘的地下流とのめぐりあい……13

南方より微風ありき　15
パゴダの陽光　23
イエルザレム　31
ガンジスの月　37
いくつかのめぐりあい　48
スールー島の回教徒たち　61
キム・ジ・ハと池司教　70
潮騒のまにまに　74

五　九月会議　83
招き　85
参加者　88
ガンジーなきあと（ナラヤン・デサイ）　94
人間性の根の養い（ヴィシュダナンダ・マハテロ）　109
歴史の意味（咸錫憲）　116
犠牲のうちに会議を支えている人々　124
地下水を求めて　126
会議の終わりに　144
あほう！（マレー・ロジャース）　146
あとがきにかえて　156
「ただ深みに向けて漕ぎゆく」　158
《エッセイ》　ウォレス・ブラックエルクさんが伝えようとしたこと（河本和朗）　162

六　現代文明と受難　167
霊的なもの、かけがえのないもの　169
祈りの姿に無の風が吹く　176

現代の受難 185
日本人への直訴 202
パパラギ暴力（―中近東での翻訳を禁ず―） 214
原発事故の背景 222
なみだの海に消えず立たなむ 225
「慰霊林の由来――動機と社会的構造」 234
《コラム》 高森の慰霊林（宮本久雄） 236

＊　＊　＊

《寄稿エッセイ》 九月会議の息吹き（葛西實）…… 239
《寄稿エッセイ》 押田成人神父との出会い（細川俊夫）…… 245
解題 「九月会議」の霊機（宮本久雄）…… 251
出典一覧 …… 257

装画・装幀　熊谷博人

四　神秘的地下流とのめぐりあい

《いざない》

押田師は世界中の国々から招かれ、旅立ち、様々な出会いを経験しました。この章では、タイ、インド、フィリピン、イスラエル、韓国といった場所における、トラピスト会の修道士で詩人で思想家であったトーマス・マートンとの出会いやベネディクト会の元司祭でヒンズー教の行者となったスワミ・アビシクタナンダとの出会い、民主化闘争の詩人・金芝河《キムジハ》や韓国のガンジーと呼ばれた咸錫憲《ハムソクホン》との出会いも記されています。また、高森草庵を訪れる海外の客人との出会いも記されています。それらの出会いからは、押田師が同時代の動きにいかに敏感であったかを知らされます。また新しい出会いに臆せずに飛び込んで、独自の洞察を行っています。その透明なまなざしにまず打たれるのです。

（石井智恵美）

南方より微風ありき

初めの頃、当地を訪れた外つ国《とくに》の人といえば、多くはヨーロッパやアメリカからで、少数の人々が南米や印度や朝鮮や東南アジアからこられました。つまり、日本という国が生きている歴史的次元に直接つながる人々、つまり東と西との交流とか、西の文明、東の精神性とか、そんな問題範囲で語られうる人々でした。ところが三年ほど前から、ニューギニヤ、サイパン、フィリピンなどと南太平洋の島々からの訪れがつづいて、それとともに、こういう日本が今生きているような歴史的次元の死角から、新しい風が吹いてきました。

ある晩秋の夕べ、ニューギニヤ高地人と二十年寝食をともにしてきた人で、五十何歳ということでしたが、年齢よりも遙かに老いこんでみえる陽にやけた老人が、伊那谷のフランシスコ会の神父に、連れられてやってきました（老人自身ニューギニヤのフランシスコ会宣教師なのですが、そういう匂いが全くないので、そういうことは言わないことにします。彼はまさに一人の人間として語らるべき人間でした）。背がかがみこみ、白髪がかなりみえて、笑うときにのぞく歯はかけていて、太い皺《しわ》が笑うときにさらに刻みを深めました。まゆげも太く、その奥からほほえむまなざしが見つめていました。見つめるとき、まぶたが時々ゆれました。

夕の食卓で彼は奇妙なことを聞いてきました。

「日本には悪霊のあらわれがありますか」

やや戸惑って、答えました。

「私自身は、はっきりした経験がありません。日本ではそういう経験はもうあまりできないのではないでしょうか」

それから私の方から聞きました。

「あなたは経験なさいましたか」

じっといつもかわらぬ、ほほえみのまなざしで私を見つめながらいいました。

「一度あります。日本人ではありませんでした、外国人でしたが」

それから一言つけ加えました。

「でも日本の土地でのことです」

彼が日本で旅をしてきた足跡を聞くと、きわめて広い範囲に及んでいるので、どういう旅の仕方をしているのかと思ったら、今まで一度も急行に乗ったことがなく、いつも普通列車で旅をするようです。それが自分に一番あっていると申します。旅をするのは、人々の中の神様とお話をするためで、それがたのしみで、こういう旅をするのだと、いいました。

高森草庵の田んぼで刈った稲をはぜに干しているところ

「明日は何か仕事がありますか」

「……」

「何か、私に手伝える仕事がありますか」

「ええ、ありますとも。明日は脱穀なので、さしずめ、稲束を運ぶ手がいくらでも要ります」

「私がやってもいいですか」

念を押してから、うれしそうに首を縦にふりました。

翌日の彼の仕事の仕方は、客人のアルバイトではありませんでした。自分のたんぼの脱穀のように精魂をこめて働きました。落穂があると丁寧に拾いました。その日の夕食の食卓で、彼は掌を水平に合わせて叩きながら、踊るようにしていいました。

「私たちは幸せだ。この世の中には、腹がへっていて食べる物が十分ない人か、でなければ、食べ物が十分にあって、食べたくない人はたくさんいる。しかし私たちは、腹がへっていて食べる物がある」

彼は外国の客人のような食べ方をしませんでした。一つ一つじっくり味わいながら、きわめて、おのずからに、うまげに食べていました。

私は、ふと彼がニューギニヤからきていることに気づきました。

「夜が寒いでしょう。あなたの小屋にストーブを置きましょう」

「いりません。寒くてもここには心の温かさがあります。それで十分です」

「でも足が冷えるでしょう」

「現代に生きる者は、現代文明を使うこともできます。足を温めてから寝ます」

「え？」

「寝る前に、靴下の上からビニールの袋をかぶせてしっかりしばってから、猛然とその場に駆け足！を三十分ぐらいやるとぽかぽかしてきます。それから寝ます」

翌日の朝食のとき、彼はまた聞きました。

「今日の仕事は何ですか」

「今日はいろいろの仕事がありますが、みな疲れているから、ゆっくり仕事をやりましょう。多分、神父様も少し休む方がいいでしょう」

食後の皿洗いの時、彼は井戸の水を汲みに表に出ました。井戸のポンプの取りつけ板が腐って、取りつけがぐらぐらしてから長いことそのままにしておいたのですが、彼はすぐにいいました。

「これを直してもいいですか」

「そう願えればたすかります」

この土地を訪れた人のうちで、彼は最も腰の軽い人でした。大きな仕事でも、食後の皿洗いのような小さな仕事でも、人々のどんな必要にでもすぐに応じようと、あらかじめ待ち構えているように思えました。私たちは彼に道具を与えて一切を任せました。必要なときだけ手を貸しました。ほとんどができ上がったとき、彼は一つの提案をしました。

「今度は、腐らないように取りつけ板にコールタールを塗りましょう」

それはまずいのではないかと思っていると、一人が私の代わりに「それはまずかろう。臭《にお》うようになるでしょう」といいました。

「私のところでもそうしていますが、全然臭いません」

まずかろうと思っても、彼には経験があることなのであろうと、結局、任せることにしました。

コールタールを塗った板を数日乾かしてから最後の取りつけをしたのですが、その翌日、井戸の水は案の定、臭いはじめました。日が経つほどよくなるだろうと思っていましたが、日が経つほど匂いが強烈になって、もう全く飲めぬようになりました。彼にとっての落し穴は、コールタールの相違にあったようです。むこうのコールタールは固形で販売されていて、それを適当にとかして塗るようです。彼は二、三日東京に行ってきたいといっていたので、彼が上京している留守に、またやり直しておこうと思い定めて黙っていましたが、彼の上京が取り止めとなったので、黙っているわけにいかなくなりました。

朝食の時、彼がたずねました。

「今日は、仕事は何をしますか」

「……」

彼はじっと私を見つめていました。

「実は……」

「臭いましたか」

「……」

朝食がすむと彼はすぐに井戸端へとんで行って、口にふくみました。

「本当です」

まず私たちは井戸の水を全部汲み出す仕事にかかりました。

彼がポンプの柄を握りました。大分経ってから、交代を申し出たとき、彼は泣きそうな顔でいいました。

「お願いです。私にやらせて下さい」

水を汲み出してから、井戸の中の掃除をやり、それからあらためて、ポンプの取りつけと井戸ぶた作りをするための材料を集めました。そして今度は、若い者に協力するように指示してから、取りつけ台の候補の中から、栗の板を選んで、穴をあける場所を示してから、私は自分の仕事にかかりました。しばらくしてから井戸仕事の現場に帰ってみると、若者ではなく彼が、指示した板とは別の板に穴をあけ終わったところでした。用意されたのはどれも部厚い板で、それぞれに大切なものでした。私が近づくと、彼は私を見上げました。私は黙って穴のあいた板を見たのですが、彼はふと立って、近くの桜の木に片手で身を支えたまま、ただじっとうつむいていました。彼は私の悲しそうな額に八の字をよせた顔を見たに相違ありません。彼のうしろ姿には悲しみと申し訳なさがにじみ出ていました。私はその時、フランシスコの完全なる喜びを思い出しました。自分が疲れて旅から帰って、自分の弟子たちのいる家の扉を叩いたとき、弟子が出てきて、お前なぞ知らぬといって自分を追い出し、さては足げりにするようなことがあるなら、私の喜びは完全なものになろう、と彼はいいました。フランシスコが私であったなら、彼は天使的喜びにあふれて、穴のあいた板をながめたことでしょう。

私には、彼の肩を叩く勇気がありませんでした。それはあまりにしらじらしいことでした。その日の夕食のはじめ、「私はフランシスコではなかったのです。完全な喜びを味わいそこないました」と一言笑いながらいいました。そういって、彼の肩に手をおきました。

伊那谷に新しい開拓をする話が出たとき、彼はすぐにみんなに同行したいといいました。帰ってから、その谷間に道をつける方法について、情熱をもって教えてくれました。

彼が私共を訪れたとき、それは一晩の宿のためでしたが、飛行機の切符をぎりぎりにのばして三週間を、私共とともに暮らしました。

彼の身体は私共を去って行ったのですが、不思議なことに、彼は今、私共の中に私共と一緒に生きています。だから私どももまた、彼とともに彼の人々の中で生きているに相違ありません。

彼が私に与えた最初の問いを今思いかえしてみるとき、私が答えるべきであった答えが浮かんできます。「日本という国には、悪霊のあらわれが、みちみちている」と。自己満足と自己快楽の追求は、生きる意味に不感症になるほどに人々の心を空白にしていますし、金やセックスに振り回される化物が白昼を往行しているのです。

彼が暮らしている社会では、人々は素裸で生活していて、聖堂にもそのままで入ってくるそうです。洗礼のとき、差し支えなければ腰に何かを巻いてきてくれますか、とたのんだら、婦人はそのようにしてきたそうです。その婦人は、初聖体拝領の時、自分の方から彼にいいました。「何かを着てきましょうか」。彼は感謝の思いをこめて諾《うべな》いました。婦人は確かに何かを着てきたのですが、へそから下には何もなかったようです。しかし彼らの中のモラルは厳然としていて問題がないことを説明してくれました。女は男に近づく権利があって、男は女に近づく権利をもたず、一婦一夫制は正確に守られているとのことです。彼は、彼らの善良さを繰り返し主張しました。私どもの言葉に、彼らを野蛮人とみるようなニュアンスが浮かぶことを許さぬようにみえました。


ついでながら、もう一つの訪れにふれておきましょう。

フィリピンから、教育修道会の修練長をしているアメリカ人の修道士が修行のために私共のところに数日滞在しましたが、帰るときに私にたずねました。

「便所をきれいにする（clear up）にはどうしたらいいのですか」

私は、トイレのつぼのへりでもよごしたのだろうと思っていました。

「紙に水でもつけて、拭いておいてください」

彼は、真面目に繰り返しました。

「いいえ、私の分（my part）をきれいにするにはどうしたらいいのですか」

汲み取りのことだとわかりました。

「私たちがやっておきますから、ご心配なく」

「いいえ、そんなことはできません」

「心配しなくても大丈夫です。第一、今朝の汽車までには間に合いませんよ」

「その仕事のために、半日のばします」

結局彼は説得されて帰ったのですが、帰ったあと脱穀機の上に、紙につつんだお礼が残されていました。汲み取りする者への謝礼だったのでしょう。

「自分の分」への社会的責任を感じるような日本人は、もうほとんど全くといってよいほど、いなくなったのではないでしょうか。これは冗談ではないのです。ためしに、修道女たちに汲み取りを示唆してごらんなさい。ただ笑いころげるだけで、「自分の分」など思いもつきませんから。だけど宗教というものはね、そこから始まるんですよ。

「神学」や「見性《けんしょう》」から始まるのではありませんよ。

パゴダの陽光

ことしの八月のある朝、私はアナトリー・クズネツォフ氏の亡命声明を読んで、強烈な印象を受けました。

「この二十五年間、私の作品はソ連では一冊も、私が書いたままでは出版されなかった。……作品はすべて見苦しい偽りの、しかも不格好な形で出版されたため、私は恥ずかしくて人々の顔を直視することもできなかった。……

ばかげた政策に同調し、知力や良心と無関係に行動することもできる。しかし、現実の生活は、良心にそむく人間を許しはしない。これらの作家はみな、すねた皮肉屋、または精神的な不具になってしまい、その一方、才能を浪費してしまったことに対する後悔の念がつもりつもって、彼らのみじめな存在はもはや人生とはいえず、人生のカリカチュアにすぎないまでにむしばまれてしまう。……

できる範囲内で正直に書こうと努める場合には、危険でないテーマを選ぶ。比喩を用いる。検閲の割れ目をねらう。原稿のままで回し読みしてもらう。少なくとも何かを試みることだ。私はこの第三の方法を選んだ一人であった。だが私の場合には、これも役立たなかった。……

私がいかに抗議し、いかに説得しようとしても、それはまるで壁に頭を打ちつけるようなものだった。私には彼らの隊列を突きくずすことはできなかった。エフゲニー・エフトシェンコはこれに少しは成功した。アレクサンドル・ソルジェニツィンはもう少しうまくやったが、それさえも現在では過去のことになってしまった。割れ目は発見され、セメントで塗りなおされた。……

危険な、または危険かもしれない原稿を詰めたジャムのびんを地中に隠すために、私はなんと多くの穴を掘ったことだろう。……

私は少年時代、スターリンの支配下の一九三七年のソ連で、本の山が焼かれるのを見た。一九四二年にはヒトラーの軍隊の占領下にあったキエフでも、本が焼かれるのを見た。そして今、神の配慮によって、私の生存中に私自身の著書が焼かれるのを見ようとしている。私がソ連を去った以上、私の作品はソ連ではもちろん焼きつくされるだろう。むしろ私は、出版された著書が一冊残らず焼かれることを祈っている。……

私はここに公式、かつ明確に『クズネツォフ』の名でソ連国内で発行され、または世界各国でソ連版から翻訳されたいっさいの作品との関係を断つ。クズネツォフなる人物は不正直で追随者で、卑劣な作家であることを厳粛に宣言する」（昭和四十四年八月九日朝日新聞、若干訂正）

長々と引用しましたが、私がなぜ強烈な印象を受けたかといえば、それはたぶん、その時、バンコックにおけるトマス・マートン[*]の死を考えていたからなのだと思います。言葉をかえていうならば、現代において、真実に生きることの重さを感じていたからでしょう。

トマス・マートンも、自分の国家の罪悪を目のあたりに見、その社会に生きる自分が、その罪悪と不可分な関係において生きているということを、しっかりと受けとめる勇気のある人でした。彼は『孤独の中の思索』で神にとって最も価値のある、神に生きる人のための住みかである砂漠の、過去の祝福を思い返したあとで、砂漠をのろう者の証言を与えています。

＊一九一五—六八年。アメリカのトラピスト（厳律シトー会）会士。霊性や思想に関する数多くの著作を残した。

「だが、以上のことは、少なくとも理論なのだ。ここで、もう一つ考えなければならない大切なことがある。まず第一に、砂漠は狂気の地である。そして第二に、砂漠は『かわいたところをさ迷う』ように『エジプトの荒野』に追われた悪魔の隠れがである。……

今日の砂漠を見てみよう。どんなものであろうか。それは、新しい、身の毛もよだつ怪物の誕生の地である。神が祝福したものを人間が抹殺しようとする力の試験地になっている。今日、すなわち人間のなしうる最大の技術的成功の時代に、荒野はついにその本領を発揮するにいたった。人間は、もはや神を必要としない。人間は、自力だけで砂漠に生きることが可能になった。人間は、そこに、逃避と実験と悪徳の、異様でしかも安全な都市を打ち建てることが可能になった。砂漠に一夜のうちに出現するそのきらびやかな町は、……天国の聖なる都のすがたとはほど遠い。また、その町は、かつてセンナアルの砂漠に建てられた『自分の名前を輝かして天にまで届く』バベルの塔の複製でもない。それは、荒野に投げかける、きらびやかで不潔な悪魔の笑いである。それは、人が自分の兄弟をひそかに見張っている秘密の町である。それは、金銭が人造の血液のように、その町の血管を通り、その町の胎内から、最終的、かつ最大の破壊が生まれるところである」（木鎌安雄氏の訳文借用、若干意訳訂正。ここはいうまでもなく水素爆弾の実験のことをいっているのでしょう）

彼もまた、やりきれない気持で、この文章を書いたに相違ありません。彼の国でも、砂漠に住む悪霊への加担であるような諸施策に、まじめに効果あるように逆らおうと思えば、生命は保証されないのではないでしょうか。

飛行機がバンコックに近づいた時黄昏の残光はほとんど消えて、闇がかなり深まっていました。主幹道路の両側の電燈がむしろさみしく輝いて見えました。

——何かが待っているのであろうか？——

戦争の追憶からさめて、自分がそのためにやってきた、これからの出来事の方をながめていました。私はひそかに、インドの宗教者たちとのめぐりあいを思うていました。

会議の第一日目の朝に、私はマートンにはじめて会いました。彼は開襟シャツでズボンという軽快ないでたちでした。マートンはもちろん私を知りませんでしたし、私も特別に話しかける気持をもっていませんでしたから、私たちは挨拶をかわしただけでした。

その日の夕方、六名ぐらいが答弁者のテーブルに並び、他の参会者が質疑者として、これに対座するという形で討議が行なわれました。私はマートンとラサール神父（イエズス会士）。広島名誉市民、自ら被爆者でありながら被爆者の救済に生命を挺した人、禅の研究家）と並んでいました。

この六日間の会議の冒頭の討論会で、マートンは、答弁者のテーブルから、きわめて大胆な提言をしました。

「みなさんは、誓願を立てない修道生活というものを考えたことがありますか。誓願のない修道生活を考えてみようではありませんか」

会場にはどよめきが感じられました。同時に、いち早く冷たい空気が漂いました。マートンは、東洋においては、霊的な円熟と生活の深化ということをめやすにして、霊的生活が行なわれている、ということを説明しました。

ラサール神父は、マートンの言葉を受け継いで具体的な例を話しました。

「こういう問題を考える必要を感じたことはありませんか」

マートンは急追しました。一人の女子修道院長が立って自信をもって答えました。

「その必要を感じたことは一度もありません」

トマス・マートンとラサール神父の間にすわって、マートンの問題意識の世界と、大多数の聴者たちの問題意識の世界が、かけはなれ、くいちがっていることを明瞭に感じながら、介入せざるをえない立場になりました。

私はまずこのずれの存在を指摘してから、マートンの提言は、修道者自身の問題としてよりも、家庭人の立場から考えたらどうであろうか、ということを提言しなおし、かつ、修道者自身の問題としては、誓願を立てたということに安んじて誓願を十分に生きない現実をまじめに反省しなければならない、誓願を立てることより、誓願を生きることが大切である、と申しました。私は発言の間、マートンの反応を見るために、二、三度彼の方を見やりました。

彼は首を縦に振りながら聞いていました。彼の態度には、いつも、精神の柔軟さと対話の積極的意志が見られました。

彼は、自分の国や、世界にうずいている人間性を、正面から受けとめようとしていたのではないでしょうか。自分の問題として考えようとしていたのではないでしょうか。

ソ連の政治を導いているイデオロギー的世界観では、目に見える世界だけを本当の現実としてとらえているために、宗教や哲学は、人間が自分自身につくり出す空想化としてとらえてしまいます。ですから、人間の深みへのまなざしよりも感覚化し、世俗化した世界を生きることが問題になります。アメリカという国では、イデオロギー的というより、実践的、思想的に、感覚化し世俗化した世界の狂奔があります。

彼がマルチン・ブーバー（Martin Buber 1878―1965）や、マックス・ピカート（Max Picard 1888―1965）の名を呼ぶ時、また老子や禅僧たちのことを語る時、それはただ物質主義、全体主義（いわゆる資本主義社会も全体主義の社会です）の世界の中の少数派としての、仲間や友人たちへの呼びかけなのではありません。

彼は実に、そのような時、一人一人のかけがえのない名を呼んでいます。ある制度の中に、あるグループの中に位置づけられる人間としてではなしに、それらすべての制度や位置づけを越えたところに、その名を呼んでいます。彼は、いっさいの思考や区別が、無意味になるところ、神だけがその名を知り、その名を生かすところに向かって、声を上げるのです。くずれ去る世界をささえる最後の拠点の方を指さすのです。だから彼は、トラピストの修道者にもなれず、カルトゥジオの修道者にもなれず、放浪者とし、ローマの巷《ちまた》で死んだ聖者、ベネディクト・ヨゼフ・ラブレの名をなつかしく思い起こすのです。

彼は、それらの名を寂しい孤独において呼んではおりません。すべての存在を聖と見るながめの中で、人類の一体観の中で呼んでおります。そして実際、こういう淵の方から、現代の人間性のうずきをながめていたに相違ないのであります。そこには、人間性と、人間の高貴な自由の回復への願いが、こめられていたに相違ないのであります。

彼に、このような発言をさせた直接の動機の一つとして、彼が東洋の神秘体験的伝承とめぐりあい、その中に探究の歩を進めていたことがあったことを忘れますまい。あまりに律法化し、制度化した現象としてのキリストの教会に、その本来の神秘的生命に目ざめさせ、よみがえらせるよすがとして、彼もまた、この東洋伝承とのめぐりあいの意味を正確に洞察していたようであります。バンコックにおもむく前に、チベットを訪ねた彼は、バンコックの後、日本を訪問することを、どれほど楽しみにしていたことか。

彼は、まさに神における自由をもって、現在の世界の、人間のもろもろの問題と、積極的にかかわり合う姿勢を示しておりました。時間的、制度的伝統の中での、見る者としての彼の苦悩が、無意味ではなかったことが、これから証明されるはずでした。

歴史というものは恣意や、偶然に左右されるようでありながら、おのずからなる主流をあらわします。彼はその行方を見つめていたでしょう。世界の、文化の、現象としての宗教の、なりゆくべき方向を不可測さゆえにぼんやりとではあっても見ていたでありましょう。そこでは人間がいかに自らの本来の道に目ざめるかという課題が、十字架の重さのように大きくのしかかってきていたでありましょう。おそらく彼とはほとんど同じながめをもっているのであろうと思いながら、私のながめを彼のものとして押しつけないために、ながめの具体的様相については何も申しますまい。

彼の心にあった情熱とは、透明な思念だったのではなかったでしょうか。

彼は、冷静な、素朴な、正直な一人の人間として言うべきことを淡々と言う者のように見えました。

彼の未来のながめとは、現在の人間への愛にほかならないとわかりました。

翌日の昼食のテーブルで、私は偶然、彼と一緒になりました。真中に、日本から来た修道尼をおいてすわりました。昨夜提出された問題について、私がどう思うかということを、しきりに修道尼に聞かせていました。

その日の午後、電気事故のために、彼は突然、私たちの前から姿を消したのであります。

昼食のあと、昼寝をして、ぼんやりした頭をかかえて、ロビーに降りてきた時、何気ないことのように、

「トマス・マートンは死んだよ」

といわれたのであります。そしてそれは冗談ではなかったのであります。

暑気と湿気と気管支炎で、私もその日から寝込んでしまって、マートンの追悼ミサにも出席できませんでした。ミサの翌日、イタリアの国営テレビのインタビューのために、会議を抜け出してメナム河に出ました。橙色と、黄色のモザイクのようなパゴダ*の屋根が、南国の日ざしに輝いておりました。

――マートンの旅は、確かに、この河畔で終わったのではない。――

小舟は本流から、小さな自然的な運河に入ってゆきました。南国の樹木の濃いかげが両側からおおいかぶさって、水の面がみどりに映えていました。木陰に見え隠れに、バラックの人家が立ち並んでいます。子供たちが走ってきて、木の葉のすいたところの岸辺に立って、手を振りました。その時私は、マートンが、私の目を借りて、私の中で、じっと子供たちを見ているように感じたのであります。

* 主に、東南アジアにある仏塔（ストゥーパ）のこと。

イエルザレム

滞在の終わり頃、回教徒の祈りの本山である回教寺院*に詣でました。これは、ユダヤ教の昔の神殿があった場所にあります。ユダヤ教、回教、キリスト教は、もともと、一つの啓示伝承をめぐって生まれたものであり、どの宗派にとっても、イエルザレムは聖なる都であります。そして、どの派も自らが真理の保持者であることを確信したために、この聖都の占有をめぐって、壮絶な闘いがくり拡げられてきたわけですが、現時点では三つの宗派が、三つの地点を、一つずつ、それぞれに分有しています。

一見、一番割の悪いのがユダヤ教で、紀元七〇年、神殿がローマ兵によって焦土と化したときに、その広場に遺《のこ》った、人呼んで哭《なげ》きの壁という四十メートル足らずの石垣の壁が、その聖地となっています。キリスト教は、キリストの十字架が立てられたカルワリオの丘と、その墓とをふくんでその上に建てられた大伽藍。回教は、もとユダヤ教の神殿のあった場所、つまり、旧約聖書に出てくる、アブラハムが神の命ずるままに、その子イザアクをささげようとして、小刀をふりあげたとき「そこまで」と天使が声をかけた、あの、モリヤの丘に建てられた大寺院、といった具合です。回教にとって、これはまさに聖地であり、北インドのカレリー村という貧しい村で、ちょうど、このアブラハムの犠牲《いけにえ》の祭日に、一人の婦人が情熱をこめて、この犠牲の物語をしてくれたことがあります。

現在は寺院内部に在る、この犠牲の岩の前でひざまずいた時、私の背後に観光客の一グループがいて、私

＊エルサレムにある「岩のドーム」のこと。ムハンマドが昇天した場所とされ、イスラム教においては聖地となっている。

の姿は人々の目から隠れていました。二度目に寺院の反対側にひざまずいた時、監視者がつかつかと近づいてきて、「ここで祈ってはいけない。祈ることは許されない」といいます。けげんな顔をして彼を見ていると、「ここは、回教徒が祈るところで、祈る時間はきめられている」と続けました。ポケットに手をつっこんでぶらぶら見物するのは一向に構わないのでした。それから、ブラブラとモスクの内部を歩きながら黙想しましたが、黙想しているという様子は、彼の目にもわかるのでしょう。彼は三周私のあとをついてきて、それから、こういいました。

「この他にもモスクがあるから、そちらに行きなさい」

みぞれの降る、嵐めいた日に、カルワリオ伽藍を訪れました。そこは十字架が立てられた場所であるという、その位置だけは、おおむね確かなようです。その場所は、巡行芝居の舞台に上がるような感じで、木の板のきざはしづたいに上がります。十字架の前で、はじめは三人ぐらいが祈っていましたが、そのうち私ひとりになって、三十分もしたでしょうか、ふと目を上げると、番をして腰掛けているギリシャ正教の僧侶の服をきた老人が、私に手招きをしていました。ろうそくを献ぜよ、という招きとわかりましたし、私も献じたかったので近づいて行くと、中位の太さのローソクと細いローソクとを一本ずつくれました。この二本で大体二ポンドぐらいだということは見当がついていました。その日、はじめて手にしたイスラエル紙幣五十ポンド一枚を彼に渡しました。彼はそのままぐるぐるとまるめて、ポケットに入れました。そのまま音沙汰がないのでいいました。「神父さん、私はおつりが欲しいんだよ」。彼は気がつかなかったふりをして、紙幣をつまみ出してみながら「ああ、そうそう」といって、十ポンド紙幣をくれました。私はだまって彼を見つめたまま立っていました。上目で私をのぞき見た彼は、もう一枚十ポンド紙幣を出しました。私は、まだじっとそこに立っていました。「あんたにとてもいいものがある」。そういって彼は、えはがき一枚と、押し花一枚をくれました。「いいみやげになるでしょう」。彼はつくり笑いをみせました。なるほど、これなのか！——「イエズス、むちめきたるものを作りて、あきないする人々を神殿より追い出し始め給《たま》いき」——帰ってその話をしたら修道女が叫びました。「何という恥知らずめ。そのお金をとり返してきます！」彼女を押しとどめていいました。

「きわめて大事なことを学んだのだから、いいのです」

カルワリオと、イエズスの復活した墓のあと——墓は、回教徒にこなごなに壊されて、あとかたもありません——とを一つに抱きこんでいるこの大伽藍の戸口で、ある日、一人のインド人の娘が泣いていました。「どうしたのか」ときくと、彼女は泣きじゃくりながら答えました。

「私は……カルワリオを……拝みに来たんです。……カルワリオは……丘だと……思っていたのに……カルワリオは……ありませんでした。……私は……すべてを犠牲にして、ここにきました。だけど……カルワリオは……カルワリオは……ありませんでした」

私の友人で、もう二年ぐらいの間ユダヤのシナゴグ〔会堂〕で、ユダヤ人といっしょにヘブライ語で祈りをして来た修道者がいます。ある日、突然、そこの責任者から、もう来てはいけないといわれました。その理由をきいて彼は冷水をあびる思いをしました。それは、彼がイエズスの名を唱える人間だからであり、彼らにとってイエズスの名は、未だに呪われた名前だからでした。

キリストは今でも、毎日、あらゆる人々から、いろいろな仕方で十字架にかけられています。

しかし、なぐさめ多いことに、キリストは、今でも、毎日心貧しい人々の間を歩いていることも知りました。イエルザレムは常に不思議な都なのでありました。すべての宗教宗派が、自らに特権を要求する不思議な場所で、何の特権も所有しないグループのなかに、エチオピアの教会があります。これはイエロニモ〔ヒエロニュムス〕が、面白いグループに会ったとして報告している人々の子孫のようで、さらに辿ると、その祖先はソロモン時代からこの地にいて、ユダヤ教に帰依していたエチオピアの人々のようです。現在、二百人位の人数で、そのうちの七十名が修道者、三十名が尼さんでした。文字通りの極貧で、修道者は一週間に二度断食していましたが、それは、現実に食べるものがなかったかららしいのです。

しかし祭日のミサに与りにゆくと、ミサのあとでは、私たちにも、みんなといっしょに心あたたまるご馳走を饗応してくれました。スープとパンとぶどう酒、主菜一つ。バターなどというものはありませんが、また要りません。初老の人が、きわめて物腰低く給仕をしてくれました。私には一見、修道院の召使いであるように思われました。私の生活経験から、そのように感じたのですが、実は彼は古参の修道者でした。何という美しさであろう！　私は、自分と自分たちとを恥じていました。心挫かれた労働者そのままの、この謙遜な態度は、自分たちの過ごしてきた時間のむなしさを示してくれました。

祭日の典礼は、日本の仏教のお経の読唱と、日本の民謡とを共に合わせたようなもので、私はそこで、皆と同じように長い杖に両手をのせ、時々その上にあごをのせながら言葉のわからぬままに、節回しを共誦していました。馬子唄の鈴の音がきこえてきました。ゆるしにみちた、しかも聖なる典礼でした。東洋的なキリスト教に生まれてはじめて、しかもとっぷりと浸かったのです。

未だに読み書きができない人が多いという国民の中に、キリストの神秘性が伝えられているのを知ることは、ありがたいことでした。

ある日、私の病床に一人の若い女隠者が訪ねてきました。この人は、一人の病弱な隠者が、洞窟で飢え死に寸前のところを発見して以来、時たま洞窟を覗いて隠者の世話をしてきた人でした。私が当分動けそうもないことを知ると、ある雨の日、この隠者を連れて、また私を訪ねてくれたのです。

ベッドの上に対座して、隠者は話しはじめました。

『『在る』ことが大切だと思います。キリストは『在る』もので、『在る』ものと一つになることを探しています。『在る』よろこびは、聖霊です」

しばらくじっと私を見てから言葉をつなぎました。

「人間の心は宇宙より広い。全てを愛し得ます。その心に洞窟があります。それは神の心と一つです。神と一つになることは、人々にとって最も効果あるかかわりあいです」

神と一つになる道筋としての頭と心のことを彼が話した時、私が腹も、とつけ加えると、うん、と一度うなずいてから「腹には、心（心臓）と腎臓とが入ります。ヨガをやるこの頃の若い人は、下腹のエネルギーだけ発達させているから危険です。そういう人々には、心（心臓）に注意をすることをやり直させていいと思います」といいました。

それから隠者は、私が前にめぐりあったインドのヒンズー教の行者が、自分をスペインのカタルーニャ地方の洞窟に訪ねたときの話をしてくれました。行者について、その後いろいろの噂をきいていましたが、隠者はいいました。

「私にとって行者はきわめて単純でした。私が彼に向かって、いたずらっぽく、

『あなたはキリスト者ですか』

とたずねたら、行者は私を抱擁して、

『私は、あなたであるのに、どうしてキリスト者でないわけにゆくでしょう』といいました。行者は洞窟を辞して、山を下りながら、道の途中で若い者を私のもとに遣わして、こう伝えました。

『あなたが私を、キリスト者と見つけたように、私は、あなたをヒンズー教徒と見つけました』と」

隠者がインドに行くという噂をきいていたので「インドに行くか」ときいたら、「もし、かりにインドに行くとしても、それは、あちこち訪ねるためではなく、ただそこで消えるためです」と彼は答えました。

それから、おのずから人類の歴史への展望に移ったとき、彼は次のようなことをいいました。

「私たちは、悲観主義者であることは出来ません。人類の危機には必ず、生まれ出るものがあります。

初代キリスト者は、現在の無神論者たちと同じことをしました。つまり、教えとか社会的に与えられるものとかではなく、生きている『存在』、『絶対』、『在るもの』を追求した。彼らにとって、キリストとは、それだったのです。現在の無神論者は、初代キリスト者と同じ道を辿っています」

私は、その時、カフカの言葉を思い出しました。

「人間というものは、自らの内なる何か不滅なものへの永続的信頼がなければ、生きてゆけないものなのだ」

郵 便 は が き

料金受取人払郵便

新宿北局承認

8444

差出有効期間
2021年11月30日まで
(切手不要)

1 6 9-8 7 9 0

1 6 2

東京都新宿区西早稲田２丁目
3の18の41

日本キリスト教団出版局
愛読者係行

注 文 書

裏面に住所・氏名・電話番号をご記入の上、
日本キリスト教団出版局の書籍のご注文にお使いください。
お近くのキリスト教専門書店からお送りいたします。

ご注文の書名	ご注文冊数
	冊
	冊
	冊
	冊
	冊

ご購読ありがとうございました。今後ますますご要望にお応えする書籍を出版したいと存じますので、アンケートにご協力くださいますようお願いいたします。抽選により、クリスマスに本のプレゼントをいたします。

ご購入の本の題名

ご購入の動機　1　書店で見て　2　人にすすめられて　3　図書目録を見て
4　書評（　　　　）を見て　5　広告（　　　　）を見て

本書についてのご意見、ご感想、その他をお聞かせください。

ご住所　〒

お電話　（　　　）

フリガナ　（年齢）

お名前

（ご職業、所属団体、学校、教会など）

電子メールでの新刊案内を希望する方は、メールアドレスをご記入ください。

図書目録のご希望	定期刊行物の見本ご希望
有・無	信徒の友・こころの友・他（　　　）

このカードの情報は当社およびNCC加盟プロテスタント系出版社のご案内以外には使用いたしません。なお、ご案内がご不要のお客様は下記に○印をお願いいたします。

・日本キリスト教団出版局からの案内不要

・他のプロテスタント系出版社の案内不要

お買い上げ書店名

市・区・町　書店

いただいたご感想は、お名前・ご住所を除いて一部紹介させていただく場合がございます。

ガンジスの月

昭和四十六年の冬、静かな湖水に、一滴の水が落ちると、その波紋はどこまでもひろがってゆきますが、そんな一滴の音にきき入るようにして、私はインドに旅立ちました。

形の上ではたしかに、東洋のプロテスタントの宗教運動の宗教対話局の名における招待ということになってはおりましたが、その招待は個人的色彩の濃いものであり、しかも私の体調不調を十分承知の上での重ねての要望であったので、何はともあれ行かねばならないであろうと、思い切りをつけたのであります。北インドの貧しい村のほとりに設立した自分たちのアシュラム（修道園）を引き払ってイエルサレムに赴かんとする、マレー・ロジャースという一人の男の願望に断わりきれぬものを感じたからであります。

私はこの人が、どういう経歴の持主かを知っていました。自分の属していた宣教師たちのグループと、ついに行動を共にすることができなくなって、インド人と同じレベルの生活と同じ様式の修行生活をするために、自分は修道者となり、妻は修道女となって現在の地にやってきたのでした。そして二十年の歳月の後、彼の到達した結論は、愛惜おく能《あた》わぬこのインドの地を、インド人の責任にすべてをゆだねるために、自らは去るべきであるということでした。

彼は、最後的行動を起こす前に、自分の判断と行動が是認さるべきかどうかを、確かめたかったのであります。

彼のアシュラムの最後の時点で、彼に招かれたもう一人の人がいました。その人はスワミ・アビシクタナンダといって、現在インド国籍のフランス人ですが、インドにやってくると、正確にヒンズー教の深みに参入してゆき、現在は全くヒンズー教的環境において、ヒンズー的苦行者のごとくに生きているカトリックのベネディクト会の修道僧であります。

私は、重大な議論は何も起こらなくてもよい、人類の中にあらわれてきている深みからの状況を見定めることだと思っておりました。そこに在るのは個人的情緒や意識をこえて、東洋の神秘伝承と西欧のキリスト教伝承とのめぐりあいの問題でもありました。伝承現象としてのキリスト教からみれば、「布教」というものの考え方が、根本的にあらためられねばならない、という問題でもありました。そして、マレーとスワミの二人は、それぞれの仕方で、この問題に応えようとしていたわけであります。

それで、この二人の地上の別離について、簡単に報告しておきましょう。

マレーと別れる日まで、ひと月足らずの間、彼はつきっきりで私の世話をしてくれましたし、積極的にインドの人と土地と生活のすみずみに私を導き入れました。だから、まさしく彼とのことを語るためには、インドの体験のほとんどすべてに言及しなければなりません。ここでふれるのは、そのなかのごく一端です。

ラックナウの飛行場に着くと、彼は滑走路の中まで入ってきて迎えてくれました。寒くて小雨がふっていて、彼はうすっぺらのうす褐色の修道服の上に羽織った毛布にくるまっていて、日本流の深いおじぎをしてから、毛布の中に私をつつんでくれました。高森の草庵の入口から坂を下りてきたときの彼そのままでした。待合室でプロテスタントのシスターたちに迎えられて、彼女たちの自動車にのりましたが、その車中、予定の変更を彼は告げました。明日はヒンズー教の聖なる行者に会いに行って、そこで一日をすごす、ということでした。

記憶すべきこの訪問の翌日、私たちはバレリー市の近くのカレリ村に向かうことになりました。ラックナウからバレリーまで三等の汽車にのりました。

長いことときかされていた、名にしおうインドの汽車ですが、期待はずれな清潔さで、きわめて快適なすべり出しでした。私たちはシスターのつくった上等なサンドウィッチをもっていました。私はマレーに隣の子供に分けてやってもいいかとききました。私は独りであったら分けてやっていたと思いますし、サンドウィッチに手をふれずにそうすることができたでしょう。初めてのインドの旅では、全く無邪気にそのようにふるまって、いつもみんなと一緒に自由でした。マレーは私を制しました。「おそらく当惑するでしょう。やらない方がいい」。

それから私は一言も口をきかずに、少しも笑わずに腰掛けていたのです。急に、無視できないカースト（階級制度）の重さというものを感じはじめました。私はその重さにとどまるために来たのではなかったのに。しばらく眠りました。ふと、目をあけると、私の真前に十くらいの女の子が坐っていて、（インドの汽車は日本の寝台列車のように、長いベンチ――しかし木の板――にずっと横に並んで腰掛けます）まじろぎもせず、私をじっと見ていました。私はそのまなざしに釘づけになりました。それは好奇心のまなざしではありません。もとより性的興味のまなざしではありません。底のない淵の彼方から、じっとながめ通そうとしているような、「人間」のまなざしでした。死とじかに直面して、その事実の中に埋没しながら、現に「生きている」一人の魂の裸のまなざしでした。

マレーも、じっとしていました。彼の身体の輪郭の線が何となく明確すぎるような固い感じでした。そして、彼だけが何となくそんな感じでした。

スワミたちが待っていた、そのジオティニケタン（つくられざる光の意味）というマレーのアシュラムでは、五年前官憲のしらべがあったそうです。それはマレーが政府へ登録する書類に、自分を宣教師と書かなかったからだそうです。

警察官は、そこの生活のプログラム、金の出所、住人について問いただしたのち、

「なるほど」と答えたそうです。

「ここは祈りが目的の場所だから、宣教師（missionary）ではない。敬虔なる修行者たちが宣教師でないことは明らかなことだ。すべての宣教師たちはよい仕事をする。われわれに働きかける。サービスは上々なのだ。しかし、神の現存の中に単純にしずんでゆく、ということは全然問題にしないのだ」

そこでマレーは尋ねたそうです。

「われわれの話は、説教とはいえないでしょうか？」

警察官は答えました。

「説教であるもんか。霊的食事（spiritual sharing）ですよ」

この話をしたあとで、マレーは注釈を加えました。

「数のことばかり気にする、仲間の数を増やすために、人間的意識でひっぱろうとする、こういうやり方は、キリストの考えと関係があるでしょうか。おのずからの溢れである言葉だけが大事ではないでしょうか。真に現実的なものは、すべてに命令せざるを得ないんだ」

なぜ彼はインドを去るのか。スワミにとって、それは神への誓約への背反とも、友情への反逆とも思われたようですし、実際に彼らの友情の危機でもありました。しかしマレーは、自らの口で私にはっきりと申し

ました。

「私はインド人に席をゆずり渡すために、インドとジオティニケタンを去ります。今アシュラムには西欧人が三人いるわけですが、それはインドの人びとが参加するには強烈すぎます」

彼と、彼と共に生活する二人のシスターは、年齢的、体力的限界にきています。彼はしかし、生活水準を西欧的水準にいくらかもどすことを肯《がえ》んじないのです。アングリカン教会（英国国教会）の司祭である彼は、カトリックのフランシスコ会のインド人の修道僧にジオティニケタンの後事を托することをよしと認めたのです。

マレーは現在、インドのキリスト教会に最も大きな影響を与えうる一人であり、若い人びとは彼の話をききたがります。スワミはしきりに、そのことをインドの教会のために惜しがっておりました。

ジオティニケタン・アシュラムのチャペル

ビルマとの国境に近いところに、ミゾ族という全員キリスト教徒の部族があります。アグラの大学で、マレーと私は、ミゾ族の教会合唱隊の公演へ招待をうけました。昔からの部族の歌から始まり、私も感激をもってその歌にきき入っておりました。それからキリスト教の聖歌——部族の歌ほど面白くない——、それから完全に西欧的な歌。そしてそれが終わった時です。一人の若い婦人がマイクに進み出ました。証言というやつです。

「私は自分が罪人であるということを、どうしても納得できなかった。しかしある午後、庭に腰掛けていた時、聖霊のてらしによって、はっきりと自分が罪人であることを知ったのです……」

鳥肌がたってきました。

公演の途中でぬけ出して表に出た時、マレーがいいました。

「わかりますか？　あれは宣教師たちの活動に伴なう、付随的現象ではないのです。実に中心的な成果なのですよ」

ラックナウの聖者のもとで幸福の実体を体験したあとでは、何か空おそろしいものが感じられました。


インド人しか入れないチベット地域の、ウッタルカッシという場所の隠遁所から、ジオティニケタンに下りてきたスワミと私は、ひまがあれば話をしていました。私が病床についた時も、話がはずむので、マレーはスワミの見舞を厳禁したりしました。

スワミはたとえば、こんな話をしました。

「私はすばらしいヒンドゥを知っている。彼は同時に、キリストへの本当の信心をもっている。しかし彼が今のキリスト教の中に生きることはできないこともわかっている。だから、ヒンドゥにとどまりながら、キリストを愛するようにすすめている」

「私は一人のキリスト信者を知っている。彼は洗礼をうけて、キリスト教の生活を何年か送ったあとで、本物のヒンドゥに会った。突然、彼の内なるものがすべてあらわれてきた。そしてその内なるもの、伝承の中からキリストを見直した」

「インドのキリスト者たちが、自分たちの問題として、伝承と信仰の問題に取り組むとき、私はその傍にいて助言したい。しかしヨーロッパ人が一人でも私と一緒にいたら、扉がとざされてしまうような気がする」

「あるヒンドゥが、私に、自分の信仰が一番よいとは思わねばならないといった。そして、インドが全部キリスト教になればいいともいった。彼は非常に熱心なヒンドゥなので、不思議に思ってどういう意味なのかと尋ねると、彼は答えたのである。キリスト教になると、インドは社会的倫理的に向上するだろう。そしてその後に、みんながヒンドゥの奥義に向かってゆけばよいと。神秘生活へ導くのはヒンズー教だからという意味でしょうね。面白い発言じゃないですか」

ジオティニケタンの共同生活の間、私たちは、きわめて率直に語り合いました。キリストの啓示をどう思うか。最後のテーマはそれでありました。

カラスや小鳥たち、そしてリスのなき声、「大地の歌」に出てくる、あの汽車のひびき、また村人たちの祭の歌声が、私たちの会話の伴奏でした。

モンシャナン司教という一人の先駆者に招かれて南インドにきてまもなく、スワミは、ラマナマラシ〔ラマナ・マハルシ〕という、十九世紀最大の霊性家であろうと人のいうヒンズー教の聖者のところに伴なわれてゆきましたが、期待は見事にはずれ、みにくい聖画や写真、横臥したままの聖者、仰々しい弟子たちの様子に、すっかり落胆して帰ってきました。ところが帰ってくると高熱が出始め、一晩中うなされたそうですが、祈りの声、立ち上がる香の煙、聖者のすがたなどが、夢うつつの境に出で入り、その時になってはじめて、自分がいかに完全に聖者の現存にとらえられていたかに気づきました。

熱が去って正常にかえってからも、一週間の間、何も手つかずでした。キリストの啓示と東洋神秘伝承についての彼の神学的思索は、その時に端を発します。

私がラックナウで会った行者はラマナマラシのお弟子さんですが、行者がパキスタンに御母堂をたずねに行かれて、留守をしていた間に起こった一つのエピソードを、彼は話してくれました。

それはキリストの昇天の祝日（たぶん）でした。ヒンズー教の聖地ベナレスで、聖者のお弟子さんのトリヴェディ、ベティーナ、ミーラが、スワミと一緒にいました。ベティーナ——彼女はカトリックで聖者に私淑していたオーストリアの女性ですが、その彼女が、突然グレゴリオ聖歌を歌いはじめました。ミーラがそれに唱和しました。スワミの中で眠っていたもの——幼時からその中で育てられてきたグレゴリオの調べ、成人して、グレゴリオの故郷であるベネディクト会の修道会に入ってからは、朝夕、それが生活であり霊的糧であったその調べが——現在の生活をつき破って、意識の奥から突然あふれてきたのです。後日、ガンジス上流の砂浜を一緒に歩いていた時、彼が告白した言葉によれば、彼はその時八つざき（écartèlement）にされる思いだったそうです。彼は叫びました。「やめてくれ！」その時、じっとしていたトリヴェディ——彼は純粋なヒンズー教徒です——が叫びました。「キリストがここにいます！　私は今キリストを見ています！」

メアリー・ロジャース（左）とマレー・ロジャース（右）

ジオティニケタンの生活が終わりに近づいた頃、夕の祈りに聖堂に赴こうとして歩きはじめた時、何かの糸口で、私はテニソンの軽騎兵の詩を大声で朗詠しはじめました。マレーと彼の妻のメアリー、シスターのヘザーが、びっくりして足をとめました。「私たちは中学生のとき、そんなふうにその詩を朗詠させられましたが、いやあ完ぺきだ。びっくりするじゃないか」。マレーが私をひきとめました。三人の英国人の過去がほのぼのと立ちこめました。

あとからおいついたスワミに、マレーが顚末を告げたとき、この老苦行者を慰めたいと思って、「スワミジ（ジは敬称としてつけ加えます）、今度はいつか、あなたがダンディーボーイだった時のシャンソンをおきかせしますよ」。

聖堂の入口に来ていましたが、「今、きかせろ」といって誰も中に入りません。これというシャンソンを考えていたわけではないので、独りさっさと先に聖堂に入りました。その翌日の夜でした。夕食後、みんなが私の部屋に集まりました。私はミサと祈りの時のほかは、まだ仰臥三昧をつづけていました。私はスワミへの借金を返そうと思って、不用意にいってしまったのです。

「スワミジ、故郷の、子供の頃の歌を歌ってくださいよ」

彼は息をころして、さっと俯《ふ》せになり、ひたいを両手でおおいました。しまった、と思いましたが遅きにすぎました。過去をうずめつくし、全く違う環境に心と霊を尽くして埋没しつくしていた彼の、ふれてはいけないかくれた糸に、ぴくりとふれてしまっていました。

部屋の中がシーンとしました。

皆の存在が、そのまま祈りになってゆきました。

衝撃を抑えて平静になった彼は、しずかにブルターニュの漁師の歌を歌いはじめたのです。

ジオティニケタンではマレーが世話役でしたが、今度はスワミが音頭をとって、ヒンズー教の聖地に巡礼に出かけました。

ハルドワードで落ち合った最初の夜、はじめて、火と水の祭式に出席してから、私たちは宿舎の近くのガンジス河の畔に腰かけていました。

月が皓々としながら、影の多い夜でした。冷気がひろがっておりました。

「キリスト教は、東洋に何を与えたのだろうか?」マレーがあらためて私に問いかけました。

「少なくとも、社会的倫理的価値を基礎づけるもの……たとえば、社会正義とか、民主主義とかの基礎づけといったもの……。文化的領域への影響という意味では、確かに何かを与えておりましょう」

「…………」

「歴史の一回性のながめ、個人のかけがえなさのながめは、確かにキリストの啓示の方から文化的領域に与えられる明確な刻印だと言ってもいいのではないでしょうか」

本題に進む前に、三人とも黙りこんでしまいました。川の流れは月の光にくらくかがやいておりました。私がそこにいたのは、論ずるためではなかったのです。一人の小さな証人として、ただそこにいるためでした。

マレーは今この地を去ります。それは彼の誠実をつくしての道行なのです。彼の良心への忠実がそうさせるのです。人間としての、彼の心はひきさかれています。彼はインドで死ぬことができたら、どんなに自分を果報者だと思うことでしょうか。南へ北へ、呼ばれるままに声の限り良心を吐露して歩きめぐったこの土地を、それが何事でもなかったかのように去ってゆけというのでしょうか。誠実なればこそ去らねばならない彼の孤独を、誰が十分に測れるでしょう。

スワミは故国を離れてから、まだ一度も帰国したことがありません。そしておそらく一度も帰国することなしに、この地に骨を埋めるでしょう。若い時は、彼の情熱が彼を支えてもいました。しかし、彼は自分の体力的限界が数年先にきていることは、自分でよく知っているでしょう。年老いるほど、周囲との心理的下部意識的異種性を知らされないわけにはゆきますまい。自分の周囲の誰と、フランス的ウィットをたのしめるというのですか。

彼の老年のことを（もう老年なんです）真面目に心配している人間は一人だっていやしない。ウッタルカッシの山中の彼の人間的孤独を、誰が知っているでしょうか。やむにやまれず、時々下りてきて、興を分かち合ったマレーはもうインドの住人ではないのです。

誠実を尽くして歩く者のめぐりあいと別れの証人として、私はいつまでもそこにいたのです。そして私は、深みにおけるまどいの方をじっと見すえていたのです。

いくつかのめぐりあい

ラックナウについた翌日の朝、ある街角からマレーと私は歩いてゆきました。横丁に入ったところで、手みやげにといって彼は、例によって小さな細々したインドのバナナを買いました。何か小さな祭の日のようで、かなりの雑沓でした。その辺からまたほかの横丁に曲がって、普通の構えの民家の前に立ちどまりました。ノックをしても返事がないのでマレーはそっと扉をあけました。一人の婦人が洗濯をしているのが、暗い廊下をすかして見えます。来訪を告げて間もなく、満面笑みをたたえた黒顔で中背の人が大またに急ぎ足で出てきて、マレーの手をとり、それから私の手をとりました。澄みきって、きらきらと光るまなざしが印象的でした。暗い廊下を手をひかれて階段のところまで導かれたとき、おめあての聖なる行者がゆっくりと下りてきました。

私たちはすぐに、二階の十二畳くらいの部屋に通され、私は行者の横、マレーは私の横にあぐらをかきました。私の向かい側、行者の右横に、大きな澄んだ目をした少女がサリーにくるまって坐っていました。ヨーロッパ人の顔です。その少女の横には客人が二人、行者をとりかこむ円をつくりながら並んでいました。マレーの横には先ほど出迎えに出た彼の弟子、その横に別の客人が二人くらい坐っていて、客人と客人との間に祭壇がありました。献花がいっぱいにこぼれ、香がたかれていました。今、はっきりとは憶えていませんが、祭壇の中央には、この行者の先生のラマナマリシ〔ラマナ・マハルシ〕の写真が飾ってあったと思います。

行者も会衆一同もただ黙っていました。行者と来訪のお弟子さんとの間にヒンズー語のやりとりがあって、また静かになりました。みなのまなざしと表情の具合から、どうやらその時は、私が主客であるらしい印象をうけとりました。一言、行者に挨拶したほうがよさそうに思って、英語でこう申しました。

「私は日本から参りました」

何かねんごろにねぎらってもらえるかと思ったら、とっぴょうしもない返事が返ってきました。行者は私を見つめながら、にっこり笑ってこう言ったのです。

「いいえ。それは不可能です」

この行者の英語の発音は他のインド人の例にもれず、妙ちきりんです。あるいは、発音だけでなくきき方も下手なのかもしれない。あるいは、私が何かききちがいをしたのかもしれない。そう思って、ご丁寧にも、もう一度繰り返したのです。しかも声を高めて。

「私は日本から来ました」

すると行者も声を高めて同じことをいいました。

「いいえ、それは不可能です」

「なるほど」

今度は私がにっこり笑いました。

つまり行者の言葉はこういう意味でしょう。

私が私であるところのもの、永遠に根を張って、永遠に問いかけているこの私、「今」と「ここ」の中に「今」と「ここ」を超えて洞察するこの私、時間と場所によらず、この私が、この私であるところのものは、日本から来たりインドを去ったりすることはできません。物理的地理的条件においてのみ、私の肉体は日本から来たり、インドを去ったりするのですが、行者はそんな次元で私を見ていないし、そんな次元での私にも、そういう次元での所謂世間的おしゃべりにも興味がない、というのでしょう。もちろん、永遠に根を張り永遠に問いかけるこの私が、その生身において日本から来たり、インドを去ったりするのですが、そういう議論を最初からするものではありません。

私は直ちに行者の領域、禅那〔dhyana（禅定）。216頁参照〕の領域に入りました。

壁には、四周ぐるりにジェイタンナ〔チャイタンニャ〕、盲のスールタース〔スールダース〕、クリシュナ、女王ミーラ、ランピルタ、ラマクリシュナ、ラーマンマルクツシ等、聖者たちの絵や写真がいっぱいに掲げられていました。

行者に直接話しかけるのは、何となく失礼にあたるみたいなので、私は目の前にいた少女に話しかけました。その時に、直接体験していることを表現しようとしたのです。

「日本は不思議な国ですよ。幸福が何であるかわからなくなりました。おさつをいっぱいためて、ポケットにはぎっしりつまっているのですが、きれいな空気と水をなくしてしまいました。

それでも幸福をさがす気持はあるのです。しかし、幸福とは何であるかと問うと、それは理解しあうことなどと思っています。人間は理解しきれるような小さなものではないのに。幸福は理解しあうことだ、などと思っていたら必ず喧嘩になります。幸福とはそんな小さなものじゃない。

幸福とは理解したものを受け取ることじゃないんです。誰かの現存の前に単純に、自分がいることなんです。その人自身の理解も超えた、その人にとっても未知なるすべてをふくめて、その人をそのまま受け取って、そこにいることです。その時の唯一の心づかいは、自分の現存でその人の現存に、耳をかたむけていることです。一体感とはそれです。幸福とはそれです。その場合、言葉をかわすことがありますが、それはもう理解の言葉ではなく、しるしとしての言葉なのです」

そこまでくると、少女は両手を前にさし出して深々と私におじぎをしました。行者は少女に向かって首を縦にふってみせました。

それから、私はカナダで会った年よりの樵夫《きこり》の話をしました。

「その人は、十二の年から、カナダの原始林の中で、大きな木を伐りつづけてきたのです。彼は大男で、私の二倍も三倍もあるごつごつした指のついた大きな手が、印象的でした。彼は、それはそれは腰の低い人でしたが、よくみる小さな謙遜とは全然別でした。その謙遜は力でいっぱいでした。彼の人格そのものが謙遜で、思いたかぶるということを思いつくことが不可能であるような、そんな人でした。彼が聴くときは、ほんとうに全身が耳になりました。こういう人の前では、ただの理解のための言葉は言えなくなるんです。自分の存在の奥から涙のように、にじんできた言葉だけしかひびかなくなるんです。幸福の言葉ってこんなふうですね。

樵夫は自分の名を書くことがやっとでした。しかし、鋭い理解力と、時代への深い洞察力を持っていました。彼は自分の孫を学校にやることがどうしてもできない。学校へやると一番大事なものを失ってしまうだろう、といいました。彼の血の高貴さと、彼が話してくれた、ヴァイオリンをひきながら森から森へ歩いていた彼の兄の話とは、関係があるに違いありません。彼はフランス革命の時、カナダにのがれてきたフランス貴族の子孫かもしれませんが、親から子と受け継いで、森の中で木を伐っているうちに神さまと親しくなったのでしょう……。

今ひょっと、あの時の、幸福を思い出しました」
二、三のヒンズー語の対話のあとで、マレーが行者に質問しました。
「近頃インドの若い人々が問題にしていることですが、伝統的冥想生活と、社会奉仕生活との間の相剋について、どう思われますか」

行者は、

「しるしとしての行為は、それは美しいものです」と言って、二、三の実例をあげました。

私は行者の話を、こういうふうに受け取ってききました。

「一きれのパンを与えることは、一きれのパンを与えることではない。真実に一きれのパンを受け取った者は、それによって一生幸福になるでしょう」と。それから続けました。

「自我の表現である社会奉仕もあります。それには二つの答え方ができるでしょう。

ある人が人々にものを与えている夢をみた。目が覚めて、それが夢であったということを知ったとき、与えようとして、また夢にもどるだろうか。

第二の答え方はもっと完全かもしれない。

ある行者が、神との一致を求めて山にこもった。ある日、みごもった鹿が出てきて熊に襲われた。行者は熊と闘って鹿を助けたが、傷ついた鹿は子鹿を生んでから死んでしまった。行者はその子鹿を大事に育てることになった。ところが彼はあまりに子鹿に執着するようになって、つぎの世には鹿に生まれた」

マレーには、この話の中の伝統的知恵の匂いは不満だったようです。マレーが疑義を申したてたかったのは、まさに、この伝統的知恵についてなのでありましょう。

私は壁に掲げられた聖者一人一人について説明を求めました。最も印象に残ったのは、街の通りでもいつも踊らざるを得なかった女王ミーラの話で、「やめろ」といってパンチをくらわした男が、とたんに同じ法悦にとらわれて、彼女のあとを踊りつつ、ついて行ったという話は、現実的な実感をもっていました。

午後二時頃になって、行者が「何か食べよう」といい出しました。

隣室に退いて円陣をつくりました。チャパティ（小麦粉をねって薄く円くして火で焼いたもの）、プーリ（前述のものを焼かずに油で揚げたもの）とご飯が主食。ダーリ（汁の多い煮もの、カラシがきいていたり、カレーが入っていたり）が二種類。豆を煮た料理。なすのあえもののようなもの等々。デザートも、牛乳を固めてつくったバルフィやら、小さな果物をあめ状に煮つけたものやらいろいろ。生まれてはじめて指で食べていたら、指もとまでギラギラになりました。指をなめてもよろしいか、ときくと、いいとも、といって行者は自分の指をなめはじめました。一同がどっと笑いました。実は食事を始める一時間くらい前から笑いつづけていたのです。指をなめるのはインドの食卓で最も低級なしぐさのようです。

食事が終わったとき、昼寝を所望して、階下のトリヴェディの部屋でゆっくり眠って目覚めると、行者がそこへ下りてきました。

「少なくとも明日一日、ここにいませんか」

マレーは、それは出来ないというしぐさを私に示しました。

「今度来たときは、ここに住めますか」

「出来ます」

「この家を出たら、私が何をするかご存知ですか」

「…………」

「スキップをして帰りましょう」

翌朝、行者はミーラとトリヴェディをつれて駅に見送りに来ました。三等車に乗りこんできて「何か話せ」とせがみます。インド人にとっては論理的前後関係など、どうでもいい、冥想に機縁を与える言葉は何

でも喜ばれます。とっさに、

「日本人の心を簡単に泣かせる言葉が二つある。一つは母という言葉、もう一つはふるさと、という言葉だ」といい出しました。

そして、パンとブドウ酒のマルセリーノの物語に及びました。修道院の門前に捨てられた孤児マルセリーノが、修道士の間で大きくなって、文字を覚えるようになった頃、納屋の大きな十字架上のキリストと仲良しになって、毎日、パンとブドウ酒を盗んで運んでいたある日、何でも欲しいことをかなえてあげようとキリストがいう。ここの院長さんのようになりたいか？　いいえ。それではお勝手の修道士さんのようになりたいか？　いいえ。そして彼はキリストに、母はどういうものかを尋ねます。母とは雨がふっても日が照っても、順境でも逆境でも与える人なのだ。そして、死ぬまで、ただ与えることしか考えない人なのだと教えられます。そこで、真面目な顔であなたの母と私の母に会いたいと願います。

話の途中でベルが鳴って三人が汽車から降りました。三人は窓辺に顔を寄せて、続きを話せといいます。

「十字架像のキリストが、腕をのばしてマルセリーノを抱き、マルセリーノが永遠の眠りにつくのを、扉の外で鍵穴から、一人の修道士が、大粒の涙をこぼして見ていました。それを見ていた観客は、みんな泣いていました」

列車は走り出していました。

「その修道士は、真底から泣いていたんですよ」。最後の言葉を大声でどなった時、三人の姿は遠のいて小さくなっていました。

行者はもう一度会いたいと言いました。私もどれだけ、そこに留まっていたかったでしょう。正直言って、こういう種類の幸福の体験は、カナダの老いた樵夫とのめぐりあいを除けば、ほとんど経験したことがありません。ヒンズー教徒とかキリスト教徒とかいう区別は微塵もなく、考え方の相異も問題ではありませんでした。

カレリー村について間もなく、行者自筆の便りが届きました。たえず連絡をとるようにと。リシケシでもハルドワード〔ハリドワール〕でも、ひょっこりあらわれるかもしれない彼のほうに心が向いておりました。ボンベイで私は、セイロンへの旅も打ち切って一週間待ちました。ボンベイで待つべきかどうか、指示を待つという電報も打ちました。そしてインドを去る最後の日、私はマレーに書きました。

「これでよいのです。インドの旅は終わらぬ旅となりました。色即是空の新しい深みを味わいながら、限りない感謝をこめて、私はこの土地を去りましょう」

高森に帰った時、私はお弟子さんのベティーナから便りを受け取りました。私の電報を行者が受け取った時は、私はもうインドを去っていたこと、行者は私宛リシケシに便りしたが、その便りは舞い戻り、ニューデリーにも便りしたが、それも私には届かなかった由。

それで、私はこのように返事を書きました。

「人間の計画は私たちを空しくするのです。神の愛故に、その時その時を誠実に生きる者は、思いがけぬ時に、忘れていたものを、思っていたよりも豊かに与えられるでしょう。行者とのめぐりあいも、そのようにして与えられることを思いましょう」

古典的ヒンズー教の歴史性のなさは、これからの歴史の中で試されるでしょう。しかし、その霊的伝承は、これからの歴史の中の積極的な一つの要素として、考えねばならないでしょう。正直にいってヒンズー教は、不可解な奇異なものをその内奥に秘めているように思われますが、その永遠への郷愁のエネルギーは否定すべくもありません。西欧的幻想が、インドの政治的な経済条件の改善の営みとともにひろがってゆく時、そしてそれとともに、真の求道者の生まれる地盤が、稀薄になってゆくであろう現象的しるしを見る時、インドを思う気持には複雑なものがあります。

しかしヒンズー教というものは、従来の現象の本質洞察によって、概念規定できるようなものでないことは、他の宗教の場合と同じように思われます。

そういう開かれた生命伝承として、たとえば、ヒンズー教伝承を考えるということは、現代に生きるわれわれにとって、大切なことのように思われます。

ハルドワードで投宿した宿の主は、留守でした。宿主はニランジャナナンダという人で、ベンガル出身ですが、十一歳の時に請負師の父と死に別れて、ヴリンダヴァンにつれてゆかれ、十三歳から十六歳まで修行者の生活をしていましたが、後日、母のもとに帰り、母が他界すると、ひとり巡礼の旅に上りました。そして他の巡礼者のように、ここハルドワードにやってきたのです。

彼は聖なる沐浴場で、すべての衣服をぬぎ捨て、静かにガンジスの流れに浸りました。神をのみ求めんとする者の至高の自由の実感、つきせぬ法悦が溢れてきました。三十分、一時間、彼はじっと瞑想していました。そして彼が岸辺に上がってきた時、いっさいの下着をふくめ彼のいっさいの衣類は姿を消していました。裏切りは白昼、明白に行なわれていました。彼の心には、法悦の歓喜が爆発しました。「何もない！　私は何も持っていない！」彼は幼な児のように、ガンジスの流れに沿って踊るように歩き始めました。

天上天下無一物！

地上に生まれ出たときの姿で彼は喜色満面、歩きつづけました。

天上天下無一物！

「お前は何故そんなにうれしいのだ？」

人々が駆け集まってきて、彼にききました。

「私には何もないんだよ！」

人々は本物の行者を直覚しました。先を競って街にとんで行って、新しい衣類を買い揃えてきました。

彼が浴場から街の方へ行く太鼓橋を渡りはじめた時です。向こうから二人の弟子に伴なわれた先生が降りてきました。先生は立ちどまり、じっと彼を見つめて言いました。

「あなたのひたいにはシヴァの光がある。私はあなたに会うためにきた。私についてきなさい」

後日、彼は先生から、彼が生活し、弟子たちと会合するための家をハルドワードに与えられることになりました。私たちが投宿した家です。

がっしりした、鍵のかかった開き扉を押すと、ギギーッと音を立てます。らせん状の狭い階段が、暗がりを急勾配に上ります。第二の扉の鍵をあけて入ると、六畳ほどの粘土のたたきに、そまつなベッドが一つおいてあります。その左手の奥が勝手、洗い場、トイレット、右の方、入口の六畳をへだてて、反対側が十六畳くらいの広間になっていて、広間のつき当たりに敷物が長く敷かれて、その上に坐布が二つ、小さな読書台が二つ。広間の窓と反対側の壁に沿ってベッドが一つ。広間の入口のすぐ左手の壁に沿って主祭壇が、坐り食卓ほどの高さで畳一畳敷ほどの広さにしつらえてあります。キリスト教の祭壇とも、仏壇とも意味が違うわけですが、その上に彼の師匠の額入りの写真が、クリシュナの聖画と並んで置かれ、額にはそれぞれ花輪がかけられています。生活と宗教との間の区別がどこにもありません。この状況は、高森の聖堂とおのずからにこだまする筈のものでした。

壁には彼自身の不思議な写真がありました。彼の顔と身体が発光体のような感じをもっていました。写真を撮らせない彼を、未明の薄暗がりで秘密に写したら写っていたというものです。

この写真を撮られた部屋というのは、階段に沿った二畳くらいの小部屋で、鉄格子のはまった窓からはガンジスの河面がながめられました。滞在中ここが私の冥想の場となりました。

彼の留守の間、ここに朝夕二回祈りと掃除に来ている、一人の婦人がいました。主祭壇から広間全部と二畳の部屋とにわたって、鈴を片手でならし、経文をとなえながら写真の額をふききよめ、灌水し、花を飾り、香をたきます。この宗教的崇敬行為は、傍で人が話していようと、寝ていようと、一向に無頓着でありました。彼女のあとをいつもついていた一人の老婆だけが、じっとうずくまって、彼女の行為に与っていました。私がいる間、猿の侵入は留守中にしかありませんでしたが、たとえ猿があばれていても、同じようなリズムと音調で行なわれたでしょう。

私が投宿した翌朝、スワミとマレーが出かけたあと、ひとり家に残りました。婦人は広間の掃除をする間といって、私に二畳を貸してくれました。老婆は私の傍にうずくまって、窓からガンジスの方をながめていました。私はそれから二、三時間そこにじっとしていました。気がついてみると老婆はもうおりません。「悪いことをしたな」。それからまた坐りつづけました。部屋から出た時、そこに待っていたように立っている婦人に会いました。言葉が通じない時は、まなざしと表情と、わずかな仕草で通じあおうとします。そのような交通は言葉のような正確さはありませんが、もっと直接的な伝達であることがしばしばあります。彼女はこれから家に帰るのだということはわかりました。その日の朝まで、普通の挨拶をしていた彼女は、その時、私に対して、はじめて霊的師匠に対すると同じ挨拶をしました。彼女の手を私の足につけ合掌してお辞儀をしました。そこには私を空虚化するような何かが、にじみ出ました。外面的な挨拶の仕方によることではありません。神的なものへの態度が介入していました。私にとって、おごりたかぶりの原因になるどころか、自分が小さい小さいものであることを、ひしひしと体感させるような、私を彼女の心の態度にひきこむような、そういうものでした。こういう現実に会ったのは生まれてはじめてでした。

それから三日目、ハルドワードを去る前に、どうしてもしなければならないことがあると、仲間が皆それぞれに出発して、二人取り残された時、スワミが言いました。

「マタジを訪ねて、そこで何かを食べねばならない」。マタジとは母を呼ぶ時の尊称で、スワミはその婦人をいつもそう呼んでおりました。

マタジの家は、程遠からぬ路地にありました。昔、動物が飼われていた場所を、そのまま住居にしたもので、六畳足らずの細長い一区切りの空間に、勝手、居間、眠るところ、家庭祭壇がきちんと秩序づけられていました。マタジはせわしげに小さな木の腰掛けを持ってきて、私たち二人を入口から入ってすぐのところ、祭壇の横に、小学生のようにきちんと腰掛けさせました。

マタジとスワミのヒンズー語の会話は、かなり訥々《とつとつ》としているようですが、話の調子の高低はききとれます。

料理の準備をしながら、身の上話を始めました。自分が子沢山の母であること、三十一歳の時、子供たちを夫に托して出家したこと、夫は問屋をしていて、子供たちは今でも自分のところに出入りしていること、母はシーク教徒であって、母から受けた教育をいつも感謝していること、母から受け継いだ話として、シーク教*の創始者聖ナナクが、自分の子供でない他の弟子を、自分の後継者に選んだいきさつなどを、細々と語

* 十六世紀のインドにおいて、ヒンドゥー教から派生した宗教。イスラム教の影響も受けている。

りきかせてくれました。

祭壇の上には、ヒンズー教の聖者と聖ナナクの写真が並べてありました。幼い時から今に至るまでのいろいろな思い出が、そこにこめられているように思われました。善と悪、吉と凶とのはげしい変転の路地を生きてきた、一人の霊魂の奥の方に浸透してきた光が、感じられました。その日の午後、ガンジスのほとりに坐っていた時、背中の方で、一かたまりの人々にかこまれて話していたマタジの声が、急流のざわめきに打ち消されながらきこえてきたのを、そして献げた者の心の息吹きのようなものが、時折軽やかに私の心を吹きぬけて行ったのを、思い出していました。小さな空間の明るさが増して行った時、私はふと、マタジの中に、イエズスと弟子たちに仕えていたイエルザレムの婦人のすがたを垣間見ました。

翌朝、スワミと二人、トンガ（一頭立て馬車）の車上の人となった時、マタジは声も出さず手も振らず、じっと私たちに合掌しつづけていました。トンガが動き出した時、二、三度頭の先を横にかしげました。日本人の、首を縦にふるのに相当します。馬のひずめが、高らかに鳴りはじめ、マタジのすがたが小さくなって行ったとき、私のまぶたに、もう一つのすがたがうつりました。それは昨日、この同じ通りで、後ろ手にしばりあげられ、むち打たれ、こづかれ、泣きじゃくりながら、数人のインド人の男に引かれて行った、一人のチベット難民の婦人のすがたでした。忘れがたい婦人のすがたと、マタジの合掌が二重写しになりました。限りなき地平を、トンガは走りつづけました。母なるガンジスに誘われるように、時間の岸辺に沿って、無窮の虚空をトンガは走りつづけました。

スールー島の回教徒たち

マニラからプロペラ機で直行して二時間足らずで、ミンダナオ島の西南端のザンボアンガという町につきますが、この町はずれに、リホンドという回教徒の漁師たちの海辺村があります。海水の砂中に柱を立ててつくった小屋がつらなっていて、その間に海上廊下がくまなくめぐらされています。早朝の町を歩いていたら、前日友だちになった回教徒の船頭さんと会いました。自分の家に案内するといいます。観光客は、この村の入口まではあとは入らないようですが、中に入るとあぶないから、というのがその理由です。そんなことをきいていたので、前日その船頭さんにきいてみました。

「キリスト教徒とはいっしょに暮らせませんか」

「それはできない。宗教が違うから。沐浴で私たちは全身を洗うが、彼らはそうしない」

注意深く板廊下を渡ってゆくと、彼の子供たちと会いました。駄菓子店に寄って駄菓子をみやげに買いました。そのすぐ先に英語のポスターを見つけたので近よってみると、キリスト教側で印刷した宗教一致運動のポスターでした。互いに反目した感情の中で、友情への努力も行なわれているようです。村のはずれまで行って引返してきた時、軒下から日本語で声がかかりました。

「もしもし日本人ではありませんか。こんにちは、めずらしいですね。なつかしいです」

ふりむくと回教徒の漁師がほほえんでいました。

「びっくりしましたね。日本に行っていらしたのですか」

「いいえ。私は長いこと日本の兵隊の友だちでした。それで日本語を覚えました。回教と仏教とは友だちです」

追いつめられるほど、日本の兵隊と下ずみの人々との友情は深まったのかもしれません。

そこからさらに、南端の島スールーにとぶことにしました。そこでは政府軍と回教徒の山中部族とが激戦中でした。そこの住民の八十五パーセントは回教徒です。ザンボアンガで人々は一心に私をひきとめました。

「あんたは、間違いなく、殺されるよ！」

そこでも回教徒は頭が固いから駄目だ、というマニラのキリスト教と同じ反応でした。

「でも、私はゆかねばなりません。あなた方の説明でも、マニラの人々の説明でも、何故、彼らが反乱するのか、さっぱりわかりません。これは、あなた方の問題ではないのかもしれない。しかし、これは、私自身の問題なんです。私は、雲の中で生きているわけにはゆかない。あなた方に対しても」

私がそこを去ってひと月足らずのうちに、すっかり廃墟と化したという、スールー島のホロという町はその時は、まだ平穏でした。小さなホテルで水浴びをしてから（シャワーは断水中でした）ゆかたを着て、部屋の外に出たとき、再び、日本語で声がかかりました。一瞬ぎくりとしました。彼も驚いたらしい。彼は、貿易関係の仕事の開拓をするために、秘密裡にこの辺を往来しているらしい若い商社マンでした。飛行機にのりおくれて、無為の一日を余儀なくされていたらしい。

私は三つの提案をしました。

一、モスク（回教寺院）に参詣すること。

二、日本人墓地に詣でること。

三、浜に行って泳ぐこと、あわよくば、泳いでいる魚を見ること。

モスクでは、不信心者の彼を表に待たせて、ひとり中に入って、回教徒の礼拝に加わりました。前の方に三人、うしろの方に二人、そして私は左手の入口近くでひとり。しかし、私は、回教徒としてそこにいたのではなく、私自身としてそこにいました。私の動作は、あきらかに回教徒の動作ではありませんでした。モスクから出たとき、じっと私を待っていたらしい一人の老人が立っていて、すぐに私にききました。

「あなたは、キリスト教徒ですか」

「そうです」

彼は、何もいわずに、私を抱擁し、じっと抱擁しつづけました。そして、ただひとこと言いました。

「わたしたちは、兄弟です」


墓は、回教、キリスト教、仏教、儒教、中国人、日本人などの共同墓地で、墓地には塀がめぐらされて、鍵がかかっていました。鍵の前で途方にくれていたとき、どこからか、一人の村人があらわれました。そして、私たちの様子を、少しの間見てから、いいました。

「墓に、お詣りしたいのですか」

「ええ。ぜひとも」

「のりこえなさい」

彼は首を縦に振ってみせました。

墓地は、日本軍人戦没者のものであろうと思いましたが、墓石の字を一つ一つよんでいって驚きました。明治四十三年何月何日没。大正二年何月何日没。女性もおります。墓石の横に出身地が詳しく書かれていました。熊本県、長崎県、和歌山県、山梨県などがありました。墓は約百基、墓地の中央に戦没者四十三名の共同の大きな墓と碑がありました。この南の島には、昔から相当多くの日本人たちが住んでいたものと見えます。

先ほどの村人が、私たちに近づいて一言いいました。

「私はずっと日本人の墓を守ってきました」

「…………」

「私の家は、あそこです。今度いつかまたきた時、私がいなくても、私の甥がいます。そこをたずねてください」

道向こうの林の中にその家が見えました。

私は仲間を誘って回教徒の墓を詣でようといいました。

回教徒の墓地は、いつも珊瑚でうめられています。墓守はその奥の方へ私たちを伴いました。

「私の父の墓です」

幕守りと別れる時、私は彼に、気持だけですといって五ペソ（二百円余り）を渡しました。

「これからどこへ行きますか」

「浜へゆきたいのです」

彼は三輪車を二台よびました。そして一人の運転手に一ペソを渡して、浜までゆくようにといいました。

私たちは彼が一ペソを渡すのを押しとめて、車に乗りました。その一ペソの気持が何と有難かったことか！

日本人たちが、とうに忘れてしまっている、この南国の日本人の墓を、一人の回教徒が忠実に守っていてくれたのです。

浜が見え始めた頃から、ずっと浜沿いに、漁師の家が立ち並んでいます。急に、がやがやと賑やかになってきた、と思うと、人々が立ちはだかって、遂に、三輪車はどちらも立ち往生になりました。

「どこへ行くのか」

先頭の車で仲間が答えています。

「浜に行きたいのです」

主だった一人が訊問しています。

「なにじんか」

「日本人です」

「日本政府の特別な保護があるのか」

「いいえ。観光者です」

「それではこの先へは行けない」

主だった一人が前の三輪車に同乗して、もう少し先まで同行することになりました。

私の車にも突然一人の若者が、飛び込んできました。まずい英語でいいます。

「ここで降りて、おれの家へ来いよ」

「喜んで。でも今は仲間がいるから……」

主だった一人というのは、この町の議員でした。立入禁止区域の境まで行って、モビル石油会社のタンクを指さしました。

「この浜はこのずっと先まで、モビルが占領している。こんなことはもうたくさんだ。私たちはこれから仲良くやろう。戦争はここでもあった。ここのゲリラ部隊はよく戦った。もう過去のことだ。第一あなた方は生まれていなかったろう。そんなことはどうでもいい。それよりも、これからのことだよね。

とにかく、ここから先へは行けない」

それより少し前、武器による強盗、殺人という社会不安に終止符をうつために、マーシャル法というのが実効に入って、フィリピン中で武器所有者の武器徴収が始まったのですが、いまだにそれに応じない回教徒土着民があるわけです。これから先へは行けないというのは、この先では武器徴収は終わっていない、戒厳令区域だということです。モビルの立入禁止区域とその境を一つにしているのでしょう。

その夜、シアレというさらに南の小島の小学校の先生が三人、仲間をたずねてきました。フィリピンは今、大統領政治から議会政治に移行するところで、選挙のためにやってきたといいます。私はお陰で、信仰心ある回教徒と生まれてはじめて長時間の談合をいたしました。

「スールーとそれより南の回教徒は非常に寛大で、キリスト教徒にも大きく心がひらかれています。ミンダナオ島以北の回教徒とはそのへん、大分雰囲気が違います」

私が体験しはじめていたこの雰囲気の相違を、彼は証言してくれたわけです。そしてさらに、回教徒土着民の政府軍への抵抗の真相を解明してくれました。

「教育を受けている一般回教徒にとって、マーシャル法の存在理由はよく理解されています。しかし山の中の土着民の人々は、これを全く誤解してしまったようです。

マーシャル法と同時に、マルコス政権は、一つのモットーを歌いました。一つの国家（one nation）、一つの国民（one people）、一つの目標（one destination）というのがそれです。この一つの国民というのを、彼は、一つのキリスト教国民という意味だと受け取りましたし、一つの目標というのもキリスト教的目標だと受け取りました。それでマーシャル法で武器を取り上げておいて、自分たちに回心をせまるのであろうと考えているのです。それで、俺たちは俺たちの信仰を捨てないぞ、ということで抵抗しているのです」

こういう受け取りかたは、フィリピンでの回教からキリスト教に移行する時の歴史をかえりみれば、きわめて当然のことのように思われます。三人の先生は、土着民のこういう態度の背景として、さらに二つのことをつけ加えました。

「一つには、北部からのキリスト教徒移住で、指導権を奪われたことに対する感情もありましょうし（さし当たりこの移住による指導権の推移はミンダナオ島までのことと解してよいでしょう）、もう一つは、最近ミンダナオで、政府軍によって回教村の回教徒たちが大勢殺された、という事実も彼らの記憶を離れないのでしょう」

スールー島でも、キリスト教は相変わらず場違いな鉄筋コンクリートの学校を建てて、無反省な仕方で西欧的教育をやっているのに腹を立てましたが、一つよいことをききました。宗教の時間には、回教徒の先生が来て、コーラン（回教聖典）を教えているそうです。一人の宣教師は、洗礼をさずけるということは考えていないといいました。

翌朝、私は独りでぶらりと出掛けました。この社会的前後関係で、私に最も近い隣人は、回教徒の土着民たちでした。カメラもホテルにおいて、水泳パンツ一つ脇下にかかえて、昨日と同じ道をたどりました。村の手前で三輪車から下りて、「スラーム」と時々あいさつをしながら、ブラブラと村の中の道を歩いてゆきました。ひとりで、のんきに歩く人間は、案外警戒されないのです。私は、必ず戒厳令区域に入ろうと覚悟をきめていました。水泳パンツは、いざ、というときに使えるでしょう。水にもぐれば、鉄砲の弾は、そんなに怖くない。立入禁止の門の脇には防波堤がありました。わずかにときめく胸を抑えて、何気ないもののように、そこを越えて、鼻歌を歌いながら、しかし真直ぐに堤防の上を歩いてゆきました。しばらくして砂浜の上に降りたとき、「やった！」と、心の中でひとりごとをいいました。しかし、それも束の間、二、三十メートルを行った時、誰かが、私を尾行している気配を感じたのです。歩きつづけながら考えました。

「もし、私をとらえる人であれば、すでに間に合わない」

立ちどまって、ぐるっと振り返ると、二人の、十五、六の少年が、急に立ちどまり、それから少し近づいてから、じっと、私を見つめました。最初に声をかけたのは、彼らでした。

「昨日の日本人ですか」

「そうです」

彼らは、もう少し近づいて、もう一度、私を見つめました。私は、彼らが敵意をもっている人々ではないことを、感じていました。私も、じっと見つめました。そして、もう一度声をかけたのは、やはり、彼らでした。

「護衛させてください」

私たちは、肩を並べて、旧来の友人であるように歩きはじめました。

すぐそばの浜辺で、男たちが作業をしていました。

「モビルの人たちですか」

「いいえ。政府軍の兵隊たちです」

——なるほど、知らぬが仏か——

背の高い、椰子の木の繁る、見事な白砂の浜辺は、屈折をしながら、どこまでもつづいていました。海は遠浅で、日本の昔の浜辺のようでした。途中で十分ほど、二人の少年に見守られながら泳ぎました。こけの生えた不思議な浮遊物（浜辺の村では、海は、壮大な水洗便所で、その広さは想像を越えていたわけです）に遭わなければ、もっと泳いでいたでしょう。

遠くに人影が見えました、丸木船のそばにいたので、バッジャオ族（水上生活をしている部族）か、ときいたら、この山の中の谷間に住んでいる部族だ、というではありませんか。私が会いに来た、その人々でした。一時間近く歩いた、と思う頃、一人の少年がいいました。

「政府軍の司令部は、すぐそこです」

司令部とかかわると、いろいろの方面に迷惑がかかるかもしれないと思って、そこから、引返しました。そして、帰り途、先ほどの土着民の一つのグループが円坐している、すぐそばを通りました。私は、言葉をかわすことが出来ません。立ちどまると、一人の婦人が、じっと私を見すえました。私は、頭を下げて挨拶しました。他の人々も、私を見すえました。意識の屈折のない、人間としての目、かつて、バレリーへの車中で会った、印度人の娘さんの、あのまなざしに、どこか似ていて、もっと差し迫ったまなざし。私はもう一度、じっと見つめたまま、会釈をしました。そして、最後に、合掌してその場を去りました。

そのままの沈黙がつづきました。椰子の林に入ったところで、少年がききました。

「あなたの宗教は、何ですか」

私は、一しゅん、ためらいました。彼らの先入観を越えて、どう伝えたらよいのだろうか？　そして、答えました。

「私は、キリストにめぐりあった、仏教徒です」

私の言葉のいみがわかったのか、それとも、友情のしるしだったのか、彼は大きく首を縦にふりました。

明日はもう、私はこの土地を後にしなければならない。少年たちと、互いに名前と住所とを、しっかりと認め合って別れたのです。あの土地は、私の再訪の前に、廃墟と化しました。私と少年たちとの散策は、いつまでも続くことでしょう。それは、終わる筈もないのです。

キム・ジ・ハと池司教

キム・ジ・ハ*が、五賊という詩を書いたかどで投獄されたとき、彼は肺病でした。肺病のまま獄におくのは人道的ではないとして療養させるように主張したのは、韓国のカトリックでした。そして、馬山《ばざん》のカトリック診療所に一時身を寄せることになりました。これが、彼とカトリックとが具体的関係をもつようになった端緒のようです。彼の家はソウルにありましたが、父も、五賊という詩のあおりをうけて生計がむずかしくなり、金もなく行くべき所もなく、病身のまま途方にくれた時、彼は青年たちの指導者として知っていた池司教**を訪ねて行ったのです。

ソウルの飛行場に降り立つ前から、私たちはソウルの現状、したがって、韓国の現状を一望のうちに具体的に把握することができます。見渡す限り、おそらく昔のままと思われるように貧しい家々が立ち並び、そして、その貧しい家々の真中に、とてつもなく立派なホテルがニョキニョキと建っています。外国からのあれだけの援助金が、いったい、どこに注ぎこまれたのか、と唖然といたします。ホテルは、ほとんど日本人観光客が占領しています。そしてその中には、妓生《キーセン》観光という、極めていかがわしいものが含まれています。何か、重大な間違いが行なわれてきたし、今も行なわれている――昨年三月の末、韓国の良心の指導者たちと一言相交わすためソウル飛行場に着いたときに、私が直覚したのはそれででした。

飛行場からは電話を入れず、タクシーで真直ぐにハム・ソクホン氏の家を訪ねました。電話はＫＣＩＡに

＊金芝河。一九四一年―。韓国の詩人として数々の作品を発表。彼の「恨《ハン》」理解は、民衆《ミンジュン》神学に深い影響を与えた。
＊＊池学淳《チハクスン》。一九二一―九三年。韓国のカトリック司祭、後に司教。民主化運動を率いて、金芝河らを支えた。

盗聴されることを知っていましたから。おうちの近くで自動車がまごまごしていたら、一人の娘さんが自動車に近づき、中をのぞきこんで、ハム・ソクホン先生をお訪ねですか、ときいてきました。着いて間もなく、何も連絡していなかったドイツの友人から先生に、今ソウルに着いたと電話がかかってきて、先生は友人にとにかく、大至急来なさい、と伝えました。それから一時間経ったとき、友人が着いて間もなく、KCIAの人がやってきました。私は自分にあてがわれた部屋で、音をたてずにじっとうずくまっていました。先生と二人きりになってはじめて、ゆっくりと話が出来ましたが、慎重に語るというくせが二人だけの話の時にも、時々あらわれました。そこから池司教のところにまいりました。司教館でさえ、何も胸を割った話は出来ませんでした。夜おそく、司教の私室で二人きりになったとき、はじめて、ざっくばらんの話が出来ました。もちろんそれ以外のどんな場所でも、誰に対しても、私は何も語りかけることは出来なかったのです。対話の自由がない、ということが人間にとってどういうことであるのか、その重さを、生き身に感じたのです。

こういう社会的現実を負って、こういう社会的状況の中で、疲れはて胸を病むキム・ジ・ハが池司教をおとずれた時、二人の間でひびき合ったのは、お互いの心の中に在る深い痛みだったに相違ありません。司教は司教館のすぐ隣りの家を彼のために借りて、そこに住まわせ、療養費、生活費としていくばくかの金を与えたのです。それからもいくたびか、そういう援助をしました。キム・ジ・ハが死刑の宣告をうけ、池司教が起訴された直接の理由は、実にこの、彼の、彼に手渡された、療養費、生活費なのです。彼がこの金を、やむにやまれぬ気持で民主化運動をしたいという若い人々に回したとしても、それは、彼の心の痛みからの、おのずからのことではなかったでしょうか。

キム・ジ・ハの詩は、やさしく、率直、大胆です。それは、彼がどうしても、民謡の立場を離れられないからです。民謡は、どこかの詩人が作り出すものではありません。誰からということなく、民衆の切なさの中から涙のようにしみ出るものなのです。私たちは東北の馬追い唄から、何を感じとるでしょうか。この韓国の民謡の中に次のようなものがあります。

米のなる田んぼは、新しい道になるよ
ちったあ口のきける野郎は、刑務所に行くよ
ちったあ仕事の出来る野郎は、共同墓地に行くよ
ガキを生める女は、遊廓に行くよ

この民謡は、日本統治下で生まれたものです。もう一度いいますが、民謡は正直なのです。彼の詩が、なぜ、民謡の立場を離れることができないかというのは、彼がせつない、どうにもならない農民や労働者の立場を離れることが出来ないからなのです。彼の心の痛みは民衆の心の痛みなのです。島原の乱の時、切支丹といっしょに最後の一兵まで闘ったのは、どうにもならない農民たちでした。あの闘いは政治的反乱の闘いなのではありません。矢の先につけた矢文には、「天の前に、われわれはすべて君主も農民も平等なのだ」というような文字が書かれていました。あれは人間の、人間を亡ぼすものに対する闘いだったのです。

キム・ジ・ハたちの闘いも、同じ性質のものではないでしょうか。池司教や、金枢機卿*の心に在る痛みも、ほかならぬ韓国民衆の心の痛みなのであり、こうした痛みが言わ

* 金《キム》寿《ス》煥《ファン》。一九二二—二〇〇九年。韓国のカトリック司祭、後に司教、枢機卿。民主化運動を積極的に支援した、

ず語らずのうちに交感するのです。この交感は、人類の深い根の方からのものであることを彼は悟ったのでしょう。一九七二年に彼は洗礼をうけました。

今、韓国の危機的状況の中のカトリックの動きの中心に在るものは、こういうものなのです。ソウルの空から、ソウルの貧しさをながめながら、私は同じまなざしで裕福な、無関心な、日本の国の人々をながめていました。妓生観光を組織する人々や、それにのっている人々をながめました。

キム・ジ・ハを死刑（現在減刑されて無期懲役）に追いやったのは、実に、私たちなのではないのでしょうか。そして残念ながら、統治者の体質も、島原の乱の時の統治者の体質と、同じものなのではないのでしょうか。

潮騒のまにまに

昭和四十二年三月二十七日から四月一日まで、禅とキリスト教の然るべき人々が大磯に起居を共にして語り合った集まりについて、一言申しのべたいと思います。

このとき、大磯のアカデミーハウスに集まった人々は、仏教（主に禅）側から、当時駒沢大学学長で、アメリカの仏教布教の総監をしていた山田霊林師、南禅寺派管長の柴山全慶《ぜんけい》師、京都花園大学学長の山田無文《むもん》師、西田幾多郎などの京都学派から下村寅太郎氏と阿部正雄氏、鈴木大拙の系譜では日大の古田紹欽《しょうきん》氏とそれに横川香智子氏、京都の花園大学禅文化研究所の西村恵信《えしん》師、東京下谷法清寺の奈良康明師、京都天竜寺の平田高士師の十人。さらに禅側の代表として、西田幾多郎の高弟久松真一氏が出席されるはずのところ、折あしくご病気になり、次のような便りを寄せられた。

――「私は、待受けておりましたこの度の『禅とキリスト教懇談会』に折あしく病気のために、出席できないことを極めて残念かつ相すまなく思っておるものであります。

申し上げるまでもなく、今や、われわれ全人類は、残忍極まる戦争や、続出する新しい文明病等、現象面の底知れぬ不安に脅かされ、更にひいては、主体性の分裂、混迷、喪失等、人間そのものの末期的危機に直面いたしております。

この危機を、抜本的に否定転換して、真実にして浄福なる世界や歴史を創造する、安定した後現代（Post modern）的な、根源的主体を自覚し、確定することは、もはや、国家、民族、人種、イデオロギーや、宗教のセクト等、個別的な枠にこだわってはおられない、人類に普遍的な重大なる課題であると想うのであります。

私は、この度の懇談会において、この課題が、全人類的広場に立って、フェアに、建設的前向きに実究せられんことを期待し、皆様の御健祥と絶えざる御尽瘁《じんすい》を懇願してやみません」——

キリスト教のプロテスタント側からは、神戸女学院院長の有賀鐵太郎《てつたろう》氏、青山学院大の浅野順一氏、神の痛みの神学で著名な北森嘉蔵《かぞう》氏、教育大学の入江勇起男氏、旧約研究家の関根正雄氏、新約の八木誠一氏とルーテル派のノルベルト・クライン師、カトリック側からはイエズス会のデュモリン師、愛宮真備《えのみやまきび》（ラサール）師、カルメル会の奥村一郎師、それにドミニコ会から筆者で十一人。

その外に主催者、フレンズ世界協議委員会（クェーカー）の委員長、ダグラス・スティーア氏夫妻、ドウイフト・バーネット氏、渡辺義雄氏と山内多恵子氏の五人。

私が、この会に出席するようにとデュモリン神父から言葉をかけられたのが四十一年の初秋ですから、大分前から準備されていたと思われます。公けの会合というものにあまり多くを期待しない私でしたが、四十二年に出席者の名簿を受け取った時、これは面白いことになるかもしれないと、心待ちに待つようになりました。開催直前に主催者側からこの度は、一切のジャーナリズムを閉め出し、速記も排し、ひたすら心と心のふれ合いにこの会合を捧げたいという通知を受け取って、これは積極的に真剣にならねばならないと覚悟をきめました。

世界の宗教的指導者の真実なる心の交流が何とかして始まらないものかという、フレンズ世界協議委員会の長い間の念願が、このようにして目に見えるものとなりました。委員長のスティーア氏は第二ヴァチカン公会議のオブザーバーで、カトリック、プロテスタントのエキュメニズム（超党派帰源運動）の世界的動きに、公正な深い理解を持つ人です。

三月二十七日、関東と関西からそれぞれに雨の中を到着しました（傘を持たず、ずぶ濡れになって到着した惨めな代表は私一人）。夕刻、自己紹介のあとで、半時間ほど、禅とキリスト教の二つのグループに分かれて講話者割当ての内輪の相談をしたのですが、禅とは申しても、曹洞と臨済。普段は交渉のない同士、やあやあよろしく、ということであったようで、新しき時代の綻《ほころ》びであります。その綻びはキリスト教の方にも伝わって春風一縷《いちる》が香りました。

翌三月二十八日からの講話者割当ては次の通りでした。

三月二十八日（火）
共通テーマ「わが魂の遍歴」
北森嘉蔵、奈良康明、デュモリン、柴山全慶
三月二十九日（水）
共通テーマ「現代世界に対する宗教者の責任」
古田紹欽、押田成人、平田高士、浅野順一
三月三十日（木）
共通テーマ「わが魂の遍歴」
阿部正雄、関根正雄、奥村一郎、下村寅太郎
三月三十一日（金）
共通テーマ「現代世界に対する宗教者の責任」（山田霊林氏をのぞく）
有賀鐵太郎、西村恵信、入江勇起男、山田霊林（テーマ「わが魂の遍歴」）

四月一日（土）
共通テーマ「わが魂の遍歴」
横川香智子、八木誠一、愛宮真備、山田無文

講話と質疑応答は午前中だけで、午後は自由に個人的に話し合い、夕方は寛ろいだ会合に当てられました。さらに一つつけ加えたいことは、すべてが終わってからの就寝前の共同入浴であります。老師も修道者も法衣を捨て、先生方も本来無一物になって一声、「ああ、いい湯ですなあ！」その功徳はあたかも無限でありました。まさに宗派なしであります。しかも、アメリカ人もドイツ人もユーゴスラビヤ人も、日本人と何の分けへだてもありませんので、「人間そのもの」の次元の融和がありました。

この話し合いの当初から、私は一つの非常に不思議な感じを持ちました。というのは、私にしてからが、カトリックの三人の神父をのぞくならば、今までに面識のある人は一人もおりません。たぶん他の方々の立場も同様でしたろう。それなのに、講話者が自らを語る時のこの単純さと信頼とはどこから来たものなのでしょうか。カトリックのいわば内輪のグループにしたところで、今までこれほど、うちとけて話したことはありませんし、またそれほどうちとける雰囲気を持つことは不可能であると思われたのであります。たしかに私たちは呼ばれているのでありましょう。何かに呼ばれているのであります。より深き真実と単純さに余儀なくされるのは、より根源的なものだけが、何らかの言葉をもたらす時代だからでしょう。
すべての参会者が、この歴史の秘義を自覚していたわけではありますまい。その自覚の上での単純さではありますまい。しかし、各自が真剣に自分の立場を深めることによってのみ、自分の底がぬけていくときに

のみ、真実な対話があり、この深みの営みのうちに、他者の示す真理のすがたとのめぐりあいがあるということが述べられれば、直ちに受け取られる雰囲気が一般的なものとしてそこに在ったことを認めるのであります。

対話ということが、要請として求められている時代というだけではなしに、対話が現実的に可能である「時」がすでに到達していることを私はながめておりました。対話は人間性の本質的なすがたであって、対話がいわれる時代は、まことによきしるしをその額にしるされているということを、世界の現象を味わう苦き味と共にながめておりました。

そういうながめを背景として、さらに私は、いくつかの過去からの伝承の糸をながめておりました。そこにはカトリックや禅やプロテスタントの宗門の流れがありましたが、それだけではなく、京都学派の流れや内村鑑三の系譜や鈴木大拙《だいせつ》の仲間が見られました。そのような流れが、どのようにして現在の日本の精神界に位置しているかを、この会合にあらわれた限りにおいてながめておりました。そういう流れの源に立つ人間は、逆境の中に、真実を生きぬいた際立った人間像を示しています。

そこに集まった人々の多くは、そういう流れのどこかに足場をおいて、あるいは何とはなく、その中間に位置して、自分自身の「わが道」を開拓し、創造してきた人々でした。伝承が受けつがれながら、新しい人間像があらわれておりました。

私は、哲学的探究の力を京都学派に代表される力に感じました。行的な力を禅に感じました。カトリシズムへの批判の力をプロテスタンティズムに感じました。そして理解の明るさと深さとをカトリシズムに感じました。しかし、私は新しい時のしるしを見たのであります。共通の傾向として、より深い真実性への態度が見られることは前にも申しましたが、それだけではありません。

仏教者の心に在る新しい憧憬、その新しい姿勢として、たとえば平田高士師がいわれたことを思い出します。「禅において、常に、なりきる、ということがいわれる。しかし現代においては受動的に、すでに与えられたものになりきる、だけでは駄目である。なるになりきらねばならぬ。歴史的創造に積極的に参与しなければならぬ」という意味の発言でした。この発言のインスピレーションは、従来の仏教的世界観の内的構造をすでに越えたところから来てはいないでしょうか。キリスト教との対話の必然性が仏教の側からも生まれるような、そういう時代のように思われます。このようなインスピレーションは、すでにキリスト教的であり、意識され、自覚されていないとしても、キリスト教的なものとの交わりがすでに見取られるのではないでしょうか。

デュモリン師がその講話の中で、ちょっとふれられたのですが、そのまま聞きすごされたので、最後の日に、隣席の無文老師に率直に現代の仏教の一つの大切な問題について尋ねてみました。「現代の仏教において、慈悲は一つの問題点ではないでしょうか」と。「確かに、鈴木大拙も死なれる前に、現代の仏教には慈悲がないと繰り返しておられた」と答えられました。

カトリックからは、たとえば愛宮真備師が自分がどうして坐禅に実参するようになったかということについて、内的告白をなさった時に一つの新しいしるしがあらわれました。己れを空しうして他宗教の真理に謙虚に学ぶ態度が、学問的反省と共に行の領域においてあらわれているからです。

プロテスタントからも新しいしるしがあらわれました。愛と寛容と理解の態度が温かく感じられました。神学に関しては、最もプロテスタント的な神学者である北森氏の口から「そういうことをカトリックの先生から聞けるとは、未来が明るくなった」という言葉が洩れたりしました。

少し個人的になりますが、二日目に、古田紹欽氏が、社会事業的な面はむしろ、宗教性が低調になった時にあらわれる。宗教の盛んな時にはもっと本質的なものがあらわれる。現代において宗教者は本質的なものを追究しなければならない、という要旨で話され、私も現代の宗教性の課題を歴史的必然性からお話ししたあとで浅野順一氏が、「私は何も立派なことは話せない。申し訳ないようだが、ただ自分のことを述懐したい。今、東京と行ったり来たりしているところだが、実は、私が関係していた身障者の施設がいよいよつぶれることになった。私は事業や伝道、勉強と二股にかけて、どちらも徹底できなかったが、それでよかったのだろうと思っている。そうするより仕方もなかった」と青ざめた疲れた顔をされ、目を閉じて、白ひげをさすりながら話された姿を尊く思い出しますし、また下村寅太郎氏が、「仏教者であるかといわれれば、そうではないというべきだろうし、仏教者ではないのだなといわれれば、そうでないというわけではないというべきだろう。しかし、キリスト教にも魅力を感じている。どちらにも門外者だが、宗教に対しては、こういう日本人が多いのではないか」といわれながら、日本人の宗教性の風土の問題を、弱々しいご様子に訥々《とつとつ》として、しかし全く単純、率直、真実に話されたお話を尊く思い出します。

私は自分に受け取りうる限りを受け取って、そこにおりました。そして、次の世代の人々を頭に描いておりました。それは大変なことですが、彼等が私たち以上のところへ引き上げられるように、かけがえのない歴史の風土に、立派に育ち抜くように、と願っておりました。

最初の日の自己紹介の時、自分の内にあるものを、今、私はここで、自分の外にながめている。私は因縁を求め、めぐりあいを期待してここに来た、と申しましたが、私が気づいているところと気づかないところで、因縁はいろいろと結ばれたようであります。

世界が一体化してゆくときに当たって、つとに両洋の文化的対話は始まっております。しかし、それだけでは足りません。文化の根である世界的宗教の対話が必然的に、いよいよ営まれてゆくでありましょう。そして宗教者が、現実とのかかわりにおいて、自分の底につきぬけてゆく時に、対話が具体的に可能となりましょう。

新しい世界がどうなるか、その責任は、現在の世界に生きるすべての人が負うわけですが、ことに宗教者は、その責を負うているといわねばなりますまい。新しい息吹きは、現代社会機構の内部から生まれるものではなく、人間の目から見れば、アウトサイダー的な領域から、本質的なながめからすれば、伝承の根源的な領域から生まれるでしょう。その息吹きは、建築家から来るものであれ、科学者から来るものであれ、宗教家から来るものであれ、宗教的なものでありましょう。宗教者の対話の必然を、この新しい世界との関連において、しっかりと把えねばなりますまい。学問的好奇心のためでも、自らの神学のためでも、現代への適応のためでもなく、もっと広い深いまなざしの中に現実をながめ、具体的歴史をつかまねばなりますまい。これが共同の場であり、共同の責任でしょう。ただ顔と顔を向かい合わせて対話するだけではなく、宗教者はこの共同の意向と営みのうちに、おのずからに為されて対話するでありましょう。

歴史にかかわることのない、従来の箱入りのアカデミズムも、社会運動のための社会運動も、すでに新しい思想ではありません。知恵と歴史的実存とが一つに結び合わねばなりません。常に、一般者の形だけで関係する単なるイデオロギー的なものは、現代人の魂には訴えません。組織的なものの孕む空虚は人格的なものを志向し、制度的なものは塾的なものを、集合体的なものは生活共同体的なものを、そして個人主義的なものは、まどいを志向しております。柴山全慶老師がいわれたように、「人工孵化的なもの」の時代ではなくなったのであります。現代の霊感は非常に深いものを呼んでいます。そのようにして東洋の霊感と結び合うのであります。その霊感のままに、私たちは、いち早く人間的に固定することも、浮遊する現象に身を委ねることも避けねばなりますまい。お互いの心の奥底の声に呼ばれながら、辿りゆく道を見つけて行かなければなりますまい。私たちの間に深みがあらわれるほど、世界の道もあらわれるのであります。実に流れゆく渓流のみが現代をいやし、渇きをうるおし、空虚を充たし、道を現成するでありましょう。

私たちの中には、二つの可能性が住んで居ります。二つのある現実性が住んでいると申してもよろしい。あるいはもっと簡単な表現で、二人の人間が住んでいるといってもいいかもしれません。一人は自分の勉強とか、仕事とか生活とかを、いつも自分中心にばかり観ずる自我の人です。もう一人は、自分の勉強においても仕事においても生活においても、全く謙遜に、自分が奥深くに隠れていて、自分はいつも献身されたものとしてそこに生きていて、自我の匂いの全くしない、誠実そのものの自由な人格です。このような自由な人たちにおいて、まことのまどいのすがたがあらわれます。そしてまた逆に、まどいのすがたがあらわれれば、もっと深い人格の自由が保証され、知恵の光が招かれましょう。それはただ語り合う次元よりも、もっと奥に在ります。それは私たちの志向すべき深みでありましょう。

自由な人格は、社会のそれぞれの位置にしっかり根づいていることでしょう。彼は知恵の人であるだけでなく、知恵の光をそれぞれの位置する社会の具体に托身させる人でありうるでしょう。しかし、現代は、一人の立派な人間だけで働く誠実の次元よりも、もう一つ、さらに進んだ誠実の次元を必要とし、また求めているように思われます。それは、互いに与えられているまどいにおいて深まる底《てい》の誠実であります。現代がますます底抜けの時代となるほど、より深い次元の誠実が求められているのではないのでしょうか。全く与えられてあるものが、より深く与えられてゆくものが必要なのではないのでしょうか。

知恵の光は、もっと誠実に、もっと力強く、人類に浸透せねばなりますまい。世界の確かな秩序も、甘美な平和も、この知恵の光なしに現成するものではありますまい。

五　九月会議

《いざない》

一九八一年に高森草庵で開催された「九月会議」は、国際会議としては類をみないものでした。成果を求めず、多様な宗教の人々が（カトリック、プロテスタント、聖公会、ロシア正教会、クエーカー、仏教、ヒンズー教、イスラム教、ネイティヴ・アメリカン等々）、多様な地域から（アジア、アフリカ、北米、南米、ヨーロッパ）共に集い、語り合い、生活することを第一のこととしました。多くは地域に根ざし、隠れたところで平和と人権のために働く人々でした。参加者たちの経験から生まれた預言的な言葉の数々は、現在もなお私たちの文明のあり方に警鐘を鳴らし続けています。

（石井智恵美）

招き

人類の歴史は、神秘伝承の地下流とその表層的盛衰、文明圏の盛衰、そして、かくれた人間的文化的いとなみの流れによって織りなされながら、一つの方向への歩みをつづけて参りました。

しかし、西欧近代初頭に端を発する人間中心、意識中心の文明は原子力という思ってもみなかったものを産むに至りました。

その処分をめぐって、アインシュタイン、ラッセル宣言〔ラッセル＝アインシュタイン宣言〕をはじめ、多くの良心がその廃絶を訴えたにもかかわらず、研究の自由の名のもとに、その破壊力は開発の一途を辿り、一方、その破壊力の抑制に不可欠なそれに比例する倫理能力の向上は全く見られず、却って、倫理能力は低下の一途を辿り、今や未曾有の破壊力がその抑制に必要な倫理能力を持たぬ社会に委ねられているという状況が出現していることは、皆様ご存じの如くであります。この文明の進路には、無底の暗黒を救うすべなき不毛の深淵を予想せしめる無気味なものがあります。

しかもなお、経済生活においては企業的、国家的利己主義と、単なる科学技術的処理への依存が依然として圧倒的な支配を示し、政治においては国内的にも国際的にも民衆のための政治倫理は確立せず、文化、科学、教育、政治、経済、各領域における指導界は確かな方向づけを見出さぬまま混沌裡に暗中模索している現状であります。

されば、歴史の新しい地平への願望が現代物質文明の精神的砂漠化の中に立ち上っているこの危機的転換の時において、歴史の方向づけを与え得るような精神的指導の立場にある者が一堂に会し、語り合い、学び合い、確認し合い、そして、その「ながめるところ」について各領域の指導界、および、世界一般大衆の前に発言することは、まことに焦眉《しょうび》の急を要する一大事であり、今まさにその時であるように思われます。

それはまた、精神的指導者自身の良心の要《かなめ》であると共に、人類の等しく願望するところであると信ずるのであります。

このことは、単に歴史の現象的現実についての判断が問題であるのではなく、限りない精神のひろがりに立ってはじめて果たし得るところの歴史のかくれたよび声への明確な洞察と謙虚な傾聴が問題なのでありま す。

発起人の一人押田が一九八〇年晩夏、米・加両国の精神指導者たちと行なった黙想会においても、この集まりを急いで具体化すべきである、という真剣な要求と期待とが話題に上がりました。

したがって、このような集まりは著名人をかり集めての、いわゆる「国際平和会議」という如きものでは決してなく、平素かくれて、人類の苦しみを真に生き身に運んでいる底《てい》の人々の集まりであり、互いに、すでに、確かにそれと知る人々のおのずからなる集まりであるべきで、そのために、すでに二〇年の歳月の「出会い」が蓄積されて来ているのであります。

尚、諸所でこの話が出る度に、場所としては、従来、参加者の多くが縁を持っておられる日本信州の高森草庵がどうかという声がありますので、一まず、そのご意見に従いたいと思います。

草庵ではご不便をおかけすることが少なくないと存じますが、この集まりの性質上、万難を排してお受けいただければ幸甚に存じます。

集まりの期日は、被招待者の何人かとご相談の結果、取り敢えず、
一九八一年九月二十一日（月）午後より

同　　年九月二十七日（日）朝まで
ときめましたが、如何でしょうか。
予めご了解を得べき点が少なからずあったと思いますが、不行届の点はどうか抂《ま》げてお赦し下さい。
歴史の危急の時、何卒私共の衷情をおくみとり賜わり、その責をお果たし下さいますよう伏してお願い申し上げます。

一九八一年一月十五日

葛西　實
鈴木格禅
押田成人

参加者

インド	A・K・サラン (A. K. Saran)	敬虔なヒンズー教徒の哲学者。インドにとどまらず、人類の根本問題をたえず深みから眺め、掘り下げつづけている。
	ナラヤン・デサイ (Narayan Desai)	父マハテヴァ・デサイはマハトマ・ガンジーの背後にあって、二十四年間秘書、顧問、友人として献身的にガンジーを支え、ガンジーの最後の抑留生活にも行を共にし、そこで亡くなっている。ガンジーのアシュラムで育てられ、父マハテヴァにならって一貫してインドの民衆の覚醒運動に献身している。
バングラデッシュ	ヴィシュダナンダ・マハテロ (Visuddhananda Mahathero)	バングラデッシュ仏教会の長老。実際に現在のバングラデッシュの仏教をあらしめた草わけの人であり、道ばたに寝ながら孤児と共に生活をはじめた。パキスタン軍政下では、各地の捕虜を自由にする努力をし、これらの人がインドで訓練を受けてバングラデッシュ独立の基礎となった。
	スッダナンダ・マハテロ (Suddhananda Mahathero)	ヴィシュダナンダ・マハテロの弟子。バングラデッシュ仏教会事務局長。

バングラデッシュ	スマナ・バルア (Sumana Barua)	現在フィリッピンで研学中の仏教徒医学生。ヴィシュダナンダ・マハテロの通訳者として出席。
	ブッダ・プリア (Buddha Priya Bhikkhu)	日本留学中の比丘《びく》。ヴィシュダナンダ・マハテロの孤児の施設の代表として出席。
韓国	咸錫憲 (Ham Sok Hom)	然りは然り、否は否という単純な良心で、そのため日本政府統治下でも、また、自国政府の下でも投獄されたことがある。しかし今でも、然りは然り、否は否と単純に言いつづけている。クエーカー教徒。彼の魂の痛みは韓国の痛みである。
香港	ルイザ・ルイ (Louisa Lui)	現在香港の近くのランマ島で日本信州の高森草庵の如き生活を創始しつつある。親族を中国本土に残したまま香港で修行生活をつづけている。中国の痛みを魂に運んでいる。
アフリカ	フランシス・ロドヌ (Francis Lodonu)	カトリック司教であり、アフリカの宣教の責任者である。アフリカ人の無邪気さが少しも失われていない、アフリカ民衆の代表である。
メキシコ	マグダレナ・トレス＝アルピ (Magdalena Torres-Arpi)	聖書の西欧的よみ方の間違いを指摘してきた、歴史の新しい地平への感覚を持ったカトリック尼僧。

欧州	マレー・ロジャース (Murray Rogers)	聖公会司祭としてインドに宣教していたが、宣教師たちの主人公的生活を辞し、貧しき村に赴いてヒンズー教徒と同じ貧しさのうちに修道者としての生活をはじめた。
	サラ・グラント (Sara Grant)	カトリック・ベネディクト会の司祭アビシクタナンダは、一生かけてひたすらインドの意味を追求し、その過程の路上で倒れた。彼を通して多くの人々が結ばれていった。サラ・グラントはその中の主な一人。長い間ボンベイのソフィア大学で教えていたが、現在プーナのアシュラムに生きる。
	アイリーン・ベイツ (Eileen Bates)	イギリス国教会宣教師。飄々と旅の杖を曳《ひ》く女性。
アメリカ	ウォレス・ブラックエルク (Wallace Black Elk)	アメリカン・インディアン・スー族出身の精神指導者。いろいろな国際会議に出席して、「大地の民」の立場を弁護するだけではなく、「大地の民」の立脚している哲学が、人類を救うことを訴えている。
	ヴィック・ハマート (Vic Hummert)	カトリック司祭。自らの肉体的精神的苦痛を通じて人間を感ずる人。反核運動の先頭に立つ米国の良心。

アメリカ	ジェイムズ・キャンベル（James Campbell）	B29爆撃機搭乗者。ヨーロッパではじめて日本人に会い、号泣する。アメリカに帰って修道院に入る。宗教活動の従来の方式にあき足らず、米全土で修道女らと共に行脚の旅をつづけた。
	ルシアン・ミラー（Lucien Miller）	マサチューセッツ大学教授であるが、良心の声止まず堕胎の罪を犯してその痛悔に泣く婦人たちの救済運動をしている。
	エドガー・ウェイブライト（Edgar Waybright）	精神医学者。多くの患者との関わりの中で今日のアメリカの危機的状況に心を痛めている。人間の覚醒を叫んでいる。
	トマス・ハンド（Thomas Hand）	カトリック司祭。イエズス会修道士。
	ダウド・レヴィンソン（Daoud Levinson）	回教スーフィー教徒、日本宣教師。
カナダ	アルテュール・ボーリュー（Arthur Beaulieu）	若い頃から日本の宣教に献身している。常に聞く耳を持つ愛の人。
日本	葛西　實	国際基督教大学教授。インドに長く滞在し、諸宗教のわくを超えた出会いをその頃から得た。彼の求道によって諸々の出会いが仲介された。

日本	
鈴木格禅《かくぜん》	少年時代から人生の悲惨の現実の真中におかれたが、澤木興道《こうどう》老師を通して開眼し、道元禅師の道に生きる。現在駒沢大学の教授であるが、各地で坐禅の指導に当たっている。合掌のうちに、人のまごころを素直に受け取る。
押田成人	およそ二十年前、これまでの西欧的修道院生活を去り、信州八ヶ岳山麓の高森村で農耕生活のかたわら、あからさまな修行の道を求めて来た修道僧。神の声にのみ開かれた生き方を説きつづける。
佐山大麓《だいろく》	ロシア正教主教。ロシアの民衆事情に通ず。
森田宗一《そういち》	法曹界の少年保護法専門家。現在弁護士であるが、弁護士稼業を省みることなく、良心の声のままに行脚している。
中山重夫	部落解放運動指導者。社会底辺の人々と共に生きる良心の代表として招待される。
原　伊市	農民であるが、知識人を超えた知性の人。公害反対運動の先達。農民代表として招待される。
和田重正	市井を離れず求道する人間教育者。青少年や両親のよき相談相手。社会教育者として招待される。

日本

山端法玄《やまはたほうげん》	仏教界に新鮮な大気を求める仏僧の一人。現在函南に住職をしているが、合気道その他多方面に友人をもつ。
村上光照《こうしょう》	おのずからに杖を曳き、老若男女とあたたかくとけあい、ありがたい心を日常にしている修道僧。原子物理学出身。
北谷回孝	天気晴朗のふぜい。生きた仏教尼僧の代表的人物。大阪豊中の見龍寺庵主。
山崎ヨキ	カトリック隠棲修道女。
金光寿郎《としお》	NHK教養科学部チーフディレクター。日本の隠れた人を発掘して歩く人。
山本忠夫	NHK教養科学部。山本五十六元帥令息。隠れて仕事をする人。
青木　繁	NHK長野支局勤務。
河本和朗	アメリカン・インディアン研究者。ブラックエルクの通訳者として出席。

ガンジーなきあと

ナラヤン・デサイ

ナラヤン・デサイさんはインドの現代史の激動のさ中に生まれ、育てられ、そして生きてきた人であるといえます。一九二四年、ガンジーのアシュラムで生まれ、ガンジーの膝元で育てられ、ガンジーが暗殺されるまで、ガンジーの直接の薫陶を受けられました。その後、十年あまりグジャラートの寒村で農民のために働き、今は全国的な非暴力、無抵抗社会運動、サルボダヤ運動の最高指導者として活躍されています。今年の十二月からは青春の出発点であった村に再び帰り、もう一度インドの原点である畑を耕すことになります。

お父さんは、ガンジーの右腕として働かれた有名なマハテヴァ・デサイで、ガンジーの最後の抑留生活を共にされてなくなられました。いつも「帰ってくるから安心しなさい」と言って出かけて行ったお父さんが、この最後の時には「今度は帰ってこない」と言い残して行かれた。それが非常に深く心に刻まれて、今日のデサイさんをささえているということです。

（葛西　實）

ナラヤン・デサイ

始めに一つの物語を皆様にお話ししたいと思います。私が生まれる前の出来事で、父が私に語ってくれました。

南アフリカからインドに帰ってきたガンジーは、ビバールの小さな寒村チャンバランという所で最初の運動を展開していきました。その問題は、藍（染料の材料）プランテーションでの地主対小作人の問題です。このサティアグラハ〔真理把持〕運動でガンジーは最初に小作人の窮状を地道に調査しました。次第にガンジーのまわりに人垣ができました。それを見た英国人の地主が「ガンジーが一人でいたら殺してやる」と豪語しました。それを聞いたガンジーは朝早く四時頃起きて、その地主宅を訪れてドアを叩きました。およそ考えられない時間に起こされて地主は怒りましたが、戸を開けてそれがガンジーだったので大変な衝撃を受けました。それ以来、この地主はガンジーの敵から友人に変わりました。

この講演のトピックスとして押田さんから与えられたのはサルボダヤ（直訳すると「すべての人の福祉」）です。それは別の言葉で言うと、ガンジーの哲学です。このように問題を置きかえると、そこには三つの原則が非常に明確な形ででてきます。

一つは、サティアグラハ、真実に根ざす行動、あるいは真実への固執ということです。二番目は、ガンジー運動を展開する拠点としたアシュラムという共同体の一つのしるしとしての「十一の約束」です。第三は、これを拠点として、世界の中に新しい社会を構築していく課題、そこに見られる原則です。

まず、サティアグラハについて考えてみると、これは、社会を変更していく新しい道を、ガンジーが自らの体験を通して、確信をもって示したものといえます。世界の支配的な社会変革の手段、暴力とかを拒否して、異なる原則をもってこの反社会的な世界の原則に対決していきます。この原則を簡単な言葉でいうと、敵を友にしていくということです。このサティアグラハ運動のためには、様々な仕方で他者にかかわっていくのですが、究極的にそこに要求されていることは、みずから受難していく、みずからの受難を通して人間に対する信を確認するということです。ここに、サティアグラハ運動の一番根本の立場があります。サティアグラハ運動の出発点は、何よりもそのような道に生きる人自身の根本的な変革です。信の確信という根本的な変革が要求されます。

このことの妥当性はサティアグラハ運動の批判家の間でも認められていますが、それが社会変革においてどの程度効果的であるのか、確かに少数者の心はそのような仕方で変わるかもしれないが、大多数の人たちはそれに無関心のまま、むしろ敵対的な形で残存していくのではないか。そういった効果の問題です。

実際のガンジーの実験を通してみると、これは夢想にすぎないなどとは到底いえない状況がインドの具体的な歴史の中で展開していきます。例えばインドの独立運動の過程をみると確かに敵である英国人の中に、少数ではありますが、こういう心の大きな転換をとげて、信という立場にたって新しい行動様式を展開していった人たちがおりました。そういった人たちの輪を中心にして、かなり多くの英国人がガンジーの動きに対して異常な共感を示しています。更にそういったものを基点としたもう一つの大きな変化は、それを要素とした環境状況の変化です。

このように、サティアグラハ運動を掘り下げてみると、これは単なる社会変革の一つの技術ではなくて、新しい社会への道、人間の変革そのものを要求するような道をさし示しているものです。これがガンジー哲学の具体的な原則としてのサティアグラハ運動によみとられることです。

次に、運動（変革）の根拠地としてのアシュラムにおける心構え「十一の約束」の問題に目を移します。

アシュラムは実際に則していうとボランティアを養成する場でした。この十一の約束（あるいは自覚、誓い）のうち七つは非常に普遍的な、人間として生きる道の道標をさし示していると私は思っています。一切の世界宗教が共有している、人間としての道が取り上げられています。具体的には、真実、非暴力、無所有、不盗、恐れを抱かないこと、禁欲の生活、さらに感覚の制御、そういった普遍的なかたち、制約が、新しい行動様式をとる自覚としてガンジーに指摘されています。

十一の約束のうちあとの三つを見てみると、確かに一九一七年から一九四七年という歴史的状況の中で、自発的に新しい革命の担い手として立って生きる人たちにガンジーが要求したものですが、今日でも依然として意味を持っているのではないかと思います。具体的にいうと手を使って労働すること、一切の諸宗教に対する畏敬の念、さらにスワデーシ――隣人に対する自覚、あるいは身近な今自分の置かれている生活に対する自覚（直訳すると、自国で生産されたものを使うということですが、その本来の意味は、自分が置かれている状況を明確に自覚しているということ）です。そこを出発点として世界の自覚に拡がっていくということになります。

そして十一の約束の最後の一つは、不可触民の差別に対する徹底した戦い、これについて妥協はありません。ここで指摘したものは、当時のインドの状況で切実に要求された新しい行動様式でした。そういう意味で時代的制約があります。たとえば、一切の宗教に対する畏敬の念という問題は、実際に宗教がインドを寸断しているという一つの大きな問題にも非常に関係しています。またはその二面性を持ってインドの危機的な状況に追いこんでいます。いわゆる宗教自身の持つパラドックス――二面性とは、一面において非常に普遍的な教えを強調しながら、他面においてそれを極端に否定していくことです。たとえば、ヒンズー教では知識を至上の価値としているのですが、ヒンズー教ほど信徒の識字率が低い宗教はありません。ムスリムの方を見ると、信仰を非常に強調しているのですが、インドの歴史でムスリムほど信仰の無い人たちは見出されないのではないでしょうか。それからジャイナ教*に目を転じると、非所有、無所有を強調するのですが、ジャイナ教の共同体ほど豊かな人を抱えた共同体はありません。キリスト教に至っては、愛を強調するのですが、キリスト教ほど世界史的に見て戦争を起こした宗教はおよそ考えられないのではないでしょうか。

ガンジーの場合には、宗教の問題を考えていく場合にも単に表面的な問題だけを取り上げるのではなく、こういったパラドックスの渦中に身を置いて根の問題をみていきます。その根から問題を解決していくのです。

さきほどのサティアグラハ運動、あるいは第二の原則として出てきた新しい行動様式としての十一の約束（十一の自覚）は、宗教における個人道徳と社会倫理、あるいは個人の生き方としての宗教と社会との大きな亀裂を深い根から統合化していきます。自らの根を掘り下げ、そして社会を変えていくという形でこの亀裂が乗り越えられていくのです。そこにガンジーの独自な、世界の危機の突破口として提示された新しい展望がありました。具体的に申しますと、ガンジーは生存中さまざまな人びとにとり囲まれ、その中にはさまざまな問題の解決の方策を求めて来る人も多かったのです。たとえば反帝国闘争過程で苦しんでいる人に対しては、その面での答えの所在を示すのではなくて自らの根にたちかえること、自らの精神的基盤にたちかえることを忠告として与えています。あるいは自己の根の問題、自己の精神的問題で悩んでいる人には、インドにおける貧しい人たちを自覚する、そういう仕方で一つの展望を忠告として与えていました。

この第一の原則、第二の原則を通していえることは、ガンジーの場合には伝統的個人的なサングナー（自己完成）と社会変革とが深い根のレベルでは統一化されるということです。そういう形でインドにおける宗教の矛盾を克服しています。

＊紀元前六―五世紀ごろにインド東部で成立したインドの伝統的宗教の一つ。徹底した禁欲主義で知られ、不殺生の教えを厳守する。

さて、いよいよ第三の原則、第一、第二の原則に基づいた社会変革の具体的な行動のプログラムの内容に触れていきます。最初は三つほど具体的プログラムを示しましたが、歴史的過程（闘争過程）を通してそれが五つに増え、さらに十三に増え、十八にまで増えましたが、そのプログラムの内容に共通して言えることは、一つは社会の新しい可能性を根から育てていくということ（中途半端にではなく根から育てていくということ）、もう一つは、それを妨げるようなものを根絶やしにしていくということ、これが彼の新しい社会を築きあげていく場合のさまざまなプログラムの中に共通した原理として生きていました。

最初に出てくるプログラムは経済的なことと密接に結び付いていますが、とくにインドが抱えている貧しい人たちの解放の問題、具体的には、象徴的になりますが、機織り、そして農村産業、農村工業を育成していくということ、さらに経済的平等性が強調されています。

第二のプログラムとして出されているのは文化的なプログラムで、非常に具体的なのですが、まず衛生の問題です。いろいろな所でインドに行きたいという希望をしばしば聞きますが、そのたびに、この人たちはインドに来てびっくりするのではないでしょうか。とくにインドの世界に、類例のないような汚なさを見たときに、この人たちはどういう気持を持つだろうか、と私は考えるのです。ガンジーはこの問題をまともに受け止めて、まず何よりも衛生の問題を取り上げました。

私は十三・四歳頃にはアシュラムの便所掃除の責任者になっていました。掃除は二人でやらなくてはいけないのですが、私が責任者でもう一人は訪問者、年は常に私より上の人でした。ガンジーが意図したことは意識の変革です。とくにバラモン*にとっては、骨の髄までそれを否定するような行動様式を先祖代々身に付

* カースト制において、最も高い階級の人々。

けているので大変なことなのですが、便所を掃除するという象徴的な行為を通して意識の一番深いところに楔《くさび》を打ちこんでいく、これがガンジーの文化的プログラムの一つの実際的なやりかたとして実践されていきました。たとえば私のチームの一人のメンバーにアチャラヤン・モヘンジョデロという大変有名なバラモンの学者がいましたが、私が責任者として便所の掃除をしてもらったことがあります。

さきほどから経済の問題、文化の問題、あるいは環境の問題と分けて見ていますが、しかし、すべては密接に関係していて実際には分けられないのです。たとえば意識の変革という面を見ても、これは明らかな不可触民の差別を解消することと強く結び付いています。

第三のプログラムとして教育の方に目を転じますと、何よりも彼が強調したことは自分の母国語を大切にするということですが、これ自体大変な問題を含んでいます。たとえば公的な言語として憲法で認められたものが十五あり、実際に使われている似かよった方言は七百以上あります。ガンジーは自分の母国語を大切にするように、愛するようにと何よりも強調しました。

ところが、独立後、社会生活史を通して人間の諸関係を一つ一つ規定していく非常に繊細な母国語が近代教育を通して一緒くたにされ、範疇化されて無くなっています。たとえば母の姉妹、あるいは父の姉妹に対しては、それぞれ別のマシ、ピシという言葉があるのですが、近代的過程においてそれがアンティという言葉で一緒くたに表現されてしまっています。

民族の言葉を愛するということ、国家の言葉を愛するということ、こういった極めて具体的なプログラムを通して何よりも彼が意図したことは、意識の一番深いところで変革していくことでした。単なる技術的問題ではないのです。

社会変革の具体的プログラムの最後は、政治的なプログラムです。具体的には青年、農民、労働者に政治的自覚を育てていくことです。ここでもガンジーのサティアグラハ運動の原則、あるいはアシュラムにおける十一の基本的な約束（自覚）の原則は生きています。社会変革に要求されることは二つあります。自分の根を掘り下げていくこと、そして、それは必ず社会変革という動的な形で統合化されていきます。そういう意味で両面の努力が政治的プログラムに要求されています。これら二つの過程が同時的であることを彼は強調しています。

さて、政治的自覚を通して直接問題となってくるのは社会の変革です。そうすると真正面からぶつからなくてはならないのは現実の問題、すなわち、今日の危機という問題になります。

今日の危機として、まず最初に出てくるのは戦争の問題です。戦争の問題を、ガンジーは単に表面的に見るのではなくて、やはり根から見ています。戦争の直接の原因を根から見ていくと、恐怖と貪欲が人間の行動を支配する動機として出てきます。これは社会文化のさまざまなレベル、個人から社会のあらゆるレベルに通じていえることです。例えばおやつと罰という親と子の関係から軍隊における処罰と報酬、或いは教育においてもそれはいえるのです。ガンジーの場合にはそれを根から絶ち切ってしまうのです。そうすると愛が根として出てきます。その愛の力によって人間と、人間社会を支配している戦争の根本的根の問題である恐怖と貪欲を克服していくのです。これを克服しない限り今日極端な形として考えられる核戦争等の最終的な戦争の状況を克服できず、また直面することもできないのです。この点についてガンジーの残した課題は、彼の死をもって終わらずむしろ課題として我々に強く要求されています。この洞察は、ガンジーの光として我々にも継承されなければならないと思います。

今日の危機を構成している第二の問題は疎外の問題です。人間社会、文化、社会を構成している人間等々はすべて本来の姿を見失なっています。例えば具体的な徴《しるし》として個人を見てみると、巨大な社会の網の中で次第に無力化してきています。それに応えて、インドでは諸宗教が盛んになってきています。マハルシ〔導師〕など非常に有名な人たちがいて、その門を叩くことによって一つの解答を求めようとしています。

しかしガンジーは人間の喪失ということ、或いは社会本来の姿の喪失ということの根本の原因を権力の集中化に見ています。権力の集中化、中央集権化を通して諸々の人間関係が全く失なわれていきます。顔と顔を相見合わせてつながっていくという人間関係が全く失なわれていくのです。

ですから、どうしても権力の集中化というものを打破して、社会を、本来の平等な社会に変えていかなければなりません。それが今日の危機のもう一つの面の解決、或いは展望として要求されていることを、ガンジーは指摘しています。

第三に危機のもう一つの面として公害環境の問題があります。これもまた根から問題を見ていくとやはり原則の問題になります。

大地は自分の願望を達成する為の一つの手段なのか、搾取する為の一つの対象なのか、或いは自分を根本から支えている――ブラックエルクさんが言ったような――おばあさんやお母さんなのか、大地を愛しているかどうか、自分の根を愛しているかどうか、というところに問題をもどしていきます。この点ガンジーの洞察は非常に明確で、彼の実際の日常生活の中にそれが顕著に出ています。

私は少年時代ガンジーの下で育てられたので彼の一部始終を見ているのですが、例えば夜寝るとき彼はいつも空の下で寝ていました。雨が降ると木陰に入って寝るのですが、止むとすぐその木陰から出てきて空を屋根として寝ました。彼はしばしば刑務所に捕われたのですが、そこでの彼の最初の要求は空の見えるところで寝られるような設備が欲しい、ということでした。これは明らかにガンジーの根の意識、大地をいかに愛しているかを示しています。

今まで三つの原則からガンジーの哲学を見て、そしてその三つの原則から現代の危機という問題を考えてきました。以上をまとめて一言で言いますと、私たちに課題として与えられていることは、ガンジー（一つの戦場に立っている人です）の、トータル・レボルーション（根本的な全体的な改革）です。この全体的な変革とは、少なくとも次の四つの変革を含みます。それは第一に個人の生き方の変革、第二に人生の価値観の変革、第三に人間関係の変革、第四に社会構造の変革です。個人的な変革を基点にして社会的経済的政治的な領域を変革していくのですから、一つの波紋のような形で変革が進んでいきます。

質疑応答

押田　この根に帰って生きる、いわゆる制度とか、組織に制されるのではなくて、宗教的生き方も、社会的関係も根に帰って生きるという生き方、実は、それは、高森の生き方なのです。だから、このような集まりを持つということも、必然的な事だったわけです。これから具体的に、サルボダヤ運動にかかわって献身している人たちとどのような響き合いができるのかということを確かめる一つのキーポイントとして、妙な質問をいたします。サルボダヤ運動は、ガンジーが亡くなられてから、その運動自身が抽象的になることをどのように避けてきているか、サルボダヤ運動の生命が、ガンジーが生きていた時と今とどのようにつながっているかということを、ちょっとお尋ねしたいと思います。

デサイ　押田神父さんの尋ねられた問題は、こちらの韓国から来ておられる咸錫憲さんの質問と重なりますので、二人にお答えするような気持ちでとりあげたいと思います。

質問の要点を申しますと、今日の、いわゆるガンジー主義者のインドの現状はどのようになっているのかという問題として受けとって答えていきたいと思います。そうすると、三つの類型に分けて考えることができます。まず第一は、政治家の類型です。この人たちほど、ガンジーの名前を頻繁に使う人はいないのですが、しかし、この人たちほどガンジーと無縁な人たちはいないのです。ですから、端的に象徴的に言うと、この人たちは、花輪でガンジーの墓をうずめて、ガンジーをうらぎっています。

それから第二は、ガンジーは生存中に、さまざまな運動を現実の問題に触発して起こしていったのですが、それが制度として残っています。たとえば、不可触民解放運動とか、あるいは、機織協会とか糸つむぎ協会等々、さまざまな組織が残されています。あるいは、農村産業振興会とか、いろいろな制度、運動が、「制度」として残されています。この人たちは、ガンジーの残した遺産に非常に忠実に、そして自分たちを賭けて行動しているのですが、残念ながら、制度の枠組の中に閉じこめられて、世界におけるガンジーの意義というものにどちらかと言うと、不感症になっています。ですから、その制度の壁の中では忠実に行動しているけれども、その外に展開していけない、という一つの大きな盲点が欠陥として指摘されます。

それから第三の類型として取り上げられるのは、いわゆる革命的なガンジー主義者です。その指導者としてあげられるのは、ベノバ・バハベジと、J・P・ナラヤンです。ベノバ・バハベジは、今日八十七歳で、健康にめぐまれていない。今は、実際の活動から身を退いています。ですから、今日の激しいインドの動きの脈絡の外におかれている人物だと言ってさしつかえないと思います。もう一人の方、J・P・ナラヤンはすでに亡くなっています。この二人の象徴的な指導者が、もはやこの運動の先頭に立っていないということから、この現状をみることができます。ですから、いわゆる革命的なガンジー主義者は指導者のない状況におかれています。この二、三年は、そういった一つのある意味での空白をのり越えて、集団指導性の確立ということ、それをもう少し私の見解から言いますと、集団的な兄弟団の創設という方向に展開していっています。

この範疇に属するガンジー主義者は数千にのぼることは確かです。しかし、この運動はいわば隠れた運動です。マスコミは、戦争とか、暴力とか、そういった問題は積極的にとらえますが、革命的なガンジー主義者が基本としている行動の展開、たとえば愛とか、平和とか、そういった隠れた問題は、ほとんど無視して取り上げない。したがって、このような、いわば、表面に出てこない動きは、一般の意識の中には生きてこない。これが表面的に見た今日の現状です。しかしその中でも、新しい動きがいくつか見られます。その一つの動きとして今、指摘したように、新しい集団指導性の確立ということがあります。

新しい動きのいくつかをさらに付加しますと、今日のインドの人口を構成している四分の三は、ガンジー亡き後に生まれた人、ですから若い人たちをさすわけですが、この人たちにとってはガンジーは、過去の存在、神話的な存在にすぎない。今日直接的に関係のない存在になっています。しかしそれにもかかわらず、なんらかの意味でガンジーに触発されて、数百の人が、インドにおいて最も貧しいといわれる地域で奉仕の活動をしています。ただ、この人たちが、ガンジー的な洞察をもって行動しているということは私は言えません。しかし、そういった現実の悲惨な状況とのふれあいという経験を通して、新しい洞察、ガンジーが見た洞察がこの人たちに継承されていくのではないか、と私は大きな期待をもってこの動きをみています。

それから、第二の新しい動きとしてベノバ・バハベジが残した遺産、J・P・ナラヤンが残した遺産があります。前者の方として土地献上運動、あるいは村献上運動の遺産が残っています。具体的に言うと、土地の集団所有性、確かにこの運動は崩壊して過去のものになっているのですが、しかし、未だに生きているところもあります。これは、ある意味でガンジーの道を象徴的に示している一つの動きとして非常に意義があるのではないかと思います。後者の方では、J・P・ナラヤンが亡くなる直前、死の床で提起した問題があります。人々が自らの足で立って、現実の問題を対処する委員会を組織していく。自らの足で、どうしようもない官僚制、議会の腐敗、商業の腐敗等々の問題を解決していく。そういった委員会が今日、千五百の村で組織されています。これはインドの膨大な村の数からいうと、本当に微々たるものですが、しかし、それにしても、やはりこれだけの村にこのような委員会が構成されていることは、未だに、ガンジーの残した光の閃光が残っているのではないか、そういう意味で、ひとつの意義があると私は見ています。

インドではインディラ・ガンジーのもとで、政治的には全体主義的な方向に大きく方向転換していきます。具体的には、非常時体制という形で、さまざまな規制の枠組、人権の拒否と、否定というような形で、大きな変化をとげていきます。が、それに反対して、いわゆるガンジー主義者の多くは刑務所につながれました。今日でも、かなり多くの若い人たちが、今日の規制に対する批判という理由で、刑務所につながれています。その中のかなり多くの若い人たちが、ガンジーに何らかの意味で触発されています。

押田神父さんから日本における、サルボダヤ運動との関係はどういうことかとの質問がありました。制度的には何ら関係はありませんが、よい関係をもっております。

ヴィシュダナンダ　ガンジーは生存中、不可触民の問題を中心的な問題としてとり上げ、実際に不可触民といっしょに寝ていました。私はしばしばそれを目撃しましたが、そのように中心的な問題として取り上げた不可触民の問題を今日、ガンジー主義者はどのように取り上げていますか。

デサイ　質問は今日のインドに於ける不可触民の現状はどうかということでした。端的に言うと依然として生きています。もう少し歴史的に言うと、ガンジーの遺産は憲法という形で具体的に結晶化していて法的には、廃止されています。ですから、今日生きている不可触民というのは違法なわけです。憲法に違反しているのですが、実際の状況は、非常に深い形で、今日依然として生きています。一般に不可触民と言われていますが、不可触〔カースト〕制の内容は、少なくとも四つに分けられます。一つは、いわゆる不可触民に触れるということです。これは、近代化の過程において、実際上不可能になってきています。たとえば、バスや、汽車や、町の中で無意識のうちに、いろいろの形で触れています。それなのに、いちいち不浄になったからそれを浄める、沐浴するなんていうことは現実的に不可能になっているので、この第一の型の不可触制は今日なくなってきています。第二は、食卓を共にするということです。伝統的にはこれは不可能なことでした。これも新しい近代化の状況の中で、たとえばレストランなどで、さまざまな形で食卓を共にしています。ですから、これも次第にその影をひそめてきています。第三の類型は結婚ですが、この点では、頑固に強硬にこの不可触制が残っています。少なくなっているどころか、依然として旧態がそのまま残っています。勿論、例外はたくさんあります。ガンジーは特に不可触民の持っている問題の根強さを晩年になればなるほど意識して、さまざまな形で、それに抵抗し、戦いをいどんでいきました。

亡くなる数年前のことですが、結婚の相手が不可触民でない場合にはその結婚式に出ないという立場を非常にはっきり示しました。たとえば、私は生まれてからずっとガンジーの膝下で育てられ、しかも家族全体がガンジーの行動、ガンジーの洞察と一体になって行動しているのですから、当然ガンジーの祝福が最大の望みなのにもらうことは出来ませんでした。といいますのは、私どもは二人とも、いわゆる上層の階層の出なので、ガンジーはどうしてもその結婚を祝福してくれない。結婚式に出てくれないのです。どうしてもあきらめられず、ガンジーに非常に近い人に説得してもらって、やっと書面の形で結婚の祝福をもらいました。違ったカーストの結婚であること、違った言語圏に属する者同士の結婚であること、という二つのことからこの結婚に多少の意義を認めて、満点ではないけれど、合格すれすれの祝福を書面の形でくれました。この第三の不可触制は、全体としては今日強固に残っていますが、例外はたくさんあります。たとえば不可触民の男性と、(これは教育を受けた人たちですが) 上層階層の女性との結婚は、今日次第に多くの事例が見られるようになりました。

第四の不可触制の問題になりますが、新しい政治的動向の中で、憲法が逆用されて、不可触民がいわば、ほとんど永遠化される状況に追いこまれてきています。不可触民の優先制の問題です。職業、学校、議会の代表権等々の面で、この不可触民の優先制が非常に確立して、政治家に逆用されるようになりました。これは本来ならば人間性の問題なのですが、政治化されて、政治の手段、政治の道具になってきています。これが今日のインドにおける一番深刻な問題として、大きくのしかかってきています。

サルボダヤ運動の人たちは、ガンジーと同じように、不可触民といっしょに、寝食を共にしています。実際にこれを中心的な課題にしているガンジーが残した運動があるのですが、残念なことに、それは非常に制度化されて現にそういった一人一人の不可触民の問題を痛みとしてとり上げるのではなく、制度的にその問題をみて、たとえば、孤児院をつくるとか、学校をつくるとか、あるいは、その不可触民を一人でも多く大学の中へ送りこむとかしています。ですから、ガンジーの基本的な根の意識が制度という枠組の中にとじこめられて、国家とか、民族という大きな視点の中で、この問題をとりあげていくことが失われてしまいました。私には、これが非常に悲劇的なことに思えます。

人間性の根の養い

ヴィシュダナンダ・マハテロ

ヴィシュダナンダさんは、一九〇九年二月に、バングラデッシュに生まれました。若い頃は、ビルマ、セイロンと、あちこちで、勉強なさいました。その後、ガンジーといっしょに働かれたこともあります。

一九四四年に孤児院をつくられ、今は二つの孤児院があります。一つの孤児院に三七五人、もう一つに五〇〇人の孤児たちがいますが、その孤児たちを、自分の子供として世話なさっています。彼らのためにも、世界平和のため、がんばって行きたいと言っておられます。全世界仏教会のバングラデッシュ代表であり、また、全世界平和と宗教会議のディレクターです。

（スマナ・バルア）

もう一言付け加えれば、この方なしにバングラデッシュの独立は成就しなかったと言われる方です。しかも、その事を政治的にではなく、隣人愛の精神の結果、それが実現したということです。これについての話は長くなりますから、いずれ時間がありましたら、聞かせていただけると思います。回教徒の国ですが、この方は、今の大統領からも全く特別にされています。

（押田成人）

心からなるあいさつを、さまざまな国から、そしてさまざまな状況からここに来ておられる方々に送りたいと思います。

この集まりは非常に変わっていて、いわゆるきちんとした計画がなく、意図的に何かをつくり出すようなことはありませんから、共に考え共に行動することを通して、何か共通の望ましい方向が生み出されるのではないかというような基本的なねらいがあるのではないかと思っております。

用意していた発言に入る前に、マレー・ロジャースさんの方から指摘があったこと、人間のもっている苦しみの問題に関わることですが、これは渇望、飢えに原因が見い出されます。これには二種類あります。精神的なものと物質的なものです。この物質的なものの問題の解決は、今日、原子力時代という言葉に示されるようなさまざまな処方箋が示されています。ところがその過程において、もう一つの人間の飢え渇きが、今、忘れられています。さて、私どもの中心の関心事は、人間とその精神状態、そして、世界の問題です。この世が願望していることは、平和と進歩の問題です。後者について現代は非常にめざましい展開をとげています。いわゆる科学的な発展、これは月とか大空に突入するほどですが、しかし人間の倫理的な行動ということになると、その進歩に相反してどんどん退化して、その行きつく所は徹底的な破壊、徹底的な他人の否定、徹底的な社会の否定です。無実な人々、或いはまだ意識的に自分で行動することのできない赤児に至るまで、その破壊力のもとにさらされています。それは単に科学的な発展の帰結として、文明を破壊するような軍事的な力だけではなく、文化的な面にもさまざまな形で出てきています。例えば人種的差別とか、さまざまな宗教、文化に見られる諸状況です。これが、別な面から言うと戦争の原因にもなり、人種的な暴動にもなって、この歴史が血で彩られていきます。この問題を考えると、今指摘したような、人間、社会、文化の破壊、否定という現実が、我々を大きく包んでいます。

これは非常に不思議なことです。と言いますのは、先程申しましたように、人の願望はやはり平和であり、幸福であり、進歩であります。ところがどういうわけか、人の望んでいるものとは全く異なるものが人を支配するような現実になっています。こういった大きな破壊の波の中にあって、人の基本的な、本当の、願望あるいは人間性というものが、否定される現実になっているのです。

こういった不思議な現実の原因を少し検討してみたいと思います。

常識的な答えとして出てくるのは貧困の問題です。しかし私は、貧困がそういった諸問題の根にあるとは思いません。もしそうなら、非常に豊かな先進国におけるいわゆる文化的な危機状況を到底想定することはできません。自己のおかれている状況に対する認識の否定と、今生かされているということに対する深い感謝の念、それが基本的に欠如していることが、根本の問題だと思います。今自分のおかれているこの状況の深さに対する認識の欠如が、さまざまな文化的な状況の相違――例えば言葉、人種、宗教、文化――によって差別に結びつき、その差別を通して、一番大切な、我々のおかれている状況の深み――それは、人類全体が一つの家族である、一つの願いを共有しているということ――が、全く忘れ去られています。そこに、その根本の原因があります。

皮肉なことですが、一切の政治家、哲学者、科学者、宗教的指導者、あるいは教育者が、スローガンとしては、地球の平和と、全人類の意識が不可欠であるということを主張しています。そのスローガンを聞いている限り、その指導者によって導かれている一般の人たちは、何

ヴィシュダナンダ・マハテロ

か新しい時代が到来したかのような希望を抱くのです。しかし、現実にはそれを全く否定するような事実が不可測的に起こり、〔彼らは〕今日では全人類、全民族の全くの崩壊という状況の中に全く無批判にどんどん足を踏み入れています。例えば、何かの集会で一つのまちがったことが操作的に出されると、一般の人々は、人間としての最後の線、罪意識とか理性とかを踏み越えて暴民と化し、徹底的に他を否定し、抹殺していくような行動に駆りたてられていくのです。そういったことの中にも、このことは端的に示されています。

さて、先程、全人類が崩壊の過程に入っていく問題の根として、自分のおかれている状況に対する深い洞察の欠如ということを指摘しましたが、それを別の言葉でいうと、渇望、おさえてもおさえても出てくるような燃えるような執着を根にした渇望です。これ故に自分の願望をみたすためには、一切のものを手段として使用していく、そのためにはその過程において、他にいかなる危害を加えても考慮しない、というような状況がおこってきているのです。これは非常に残念なことですが、本来ならばこの問題をしっかり自覚しているはずの宗教家が、確かに発言の面、あるいは知識の面では親切とか寛容とか普遍的な兄弟愛の重要性を滔々《とうとう》として説くのですが、実際の行動においては、それを全く否定しています。指導者がこのような状況ですから、無知な人が無知な人を導くことになり、今はもう抜きさしならない偏見、他の人を人として見ることを拒否するような偏見が、個人、集団、社会をすっかり規定してしまっているのです。ですから、今、我々がみている人種、集団、国家間の悲しい相剋の現実は、いわば当然の帰結であると言えるのです。

それにもかかわらず、最初に申しましたように、人間性の基礎にある根本のところは依然として共有されています。たとえば母の子供に対する愛とか、父親の子供に対する関わりとかに端的に示されています。

この二つの現実にどのように向き合っていくか、破壊に身をまかせるのか、あるいは人間を全人類として結びつける原点にたっているものに世界の展望を見い出すのか、それが、今我々に問われている大変な問題なのです。洞察は心の中に生まれてくるものですが、心というのはミルクのように白く、入ってくるものは何でも受け入れます。従ってこの心の中に人間性を育てていくことが基本的な課題として要求されます。そしてそのことを通して、この洞察が培われてきます。無垢の心に人間的な人間性を育て、それを通して洞察力を創りあげていくということは、具体的に言えば、他人に対して常に善意をもってのぞむ、そういったものの考え方、あるいはその行動の様式を不断に倦《う》むことなく開いていく、ということなのです。このことが心の中に、人間性の一番根本的なものを根づかせるための、根本的な戦いなのです。ですから、心の中にこの人間性を養っていくことを積極的にすすめるならば、我々一切にとっての非常に豊かな世界ということも、決して単なる一つの夢には終わらないと思っています。

最後に、今私どもが関わっている九百人の孤児の教育の問題、それを通して新しい兄弟愛に根ざした人間性を彼らに植えつけようと努力している状況についてお話ししたいと思います。

バングラデッシュでは、それぞれの宗教の共同体が孤児院をもっています。例えばムスリムの共同体、ヒンズー教の共同体、仏教の共同体、またキリスト教の共同体が孤児院を経営しています。例えばヒンズー教のラーマ・クリシュナ・ミッションなどは非常に重要な役割を果たしています。こういった孤児院が持っている共通の目的は、見捨てられ、いためつけられている子供たちを見守り、育てていくことです。仏教の団体にも私が関係している孤児院が二つあります。この二つの孤児院では今、九百人の子供が育てられています。少年少女、宗教的に見てもヒンズー教徒、キリスト教徒、そしてムスリムも、その子供たちの中にいます。この孤児院はチッタゴンとダッカにそれぞれあります。この孤児院では町に捨てられたり、いろいろな不幸な理由で両親をなくした子供たちに、両親に見守られて育てられているような暖かい雰囲気を感じさせることをまず何よりも願っています。それと同時に、今日の問題に対する解決の一歩として、この子供たちに民族性を超えた兄弟愛と平和の尊さを、重要な問題として基本的に教えています。

そういった精神面のみならず、将来社会において独り立ちしていく手だてのための、技術的な面、教育の面にも努力しています。この、科学と科学技術とそれから宗教精神の面が、何らかの意味で統合されること以外に今日の危機の展望は開かれないのですが、これからの新しい時代を背負っていく若い孤児たちの教育を通して少しでもそのための道を開こうと努力しています。

皆さんのご静聴を感謝して、私の話をこれで終わりにしたいと思います。

質疑応答

デサイ　バングラデッシュで今日、仏教徒が迫害されているということを聞いておりますが、どのような現状なのでしょうか。それに対してヴィシュダナンダさんの仏教団体はどういうような仕方で対処していますか。それから外部の我々にとってできることがもしあるとするならば、どういうことがありますか。

ヴィシュダナンダ　バングラデッシュは一九七一年に独立しました。独立するまで、パキスタンの一部だったのですが、パキスタン時代には仏教は一つの宗教として認められていませんでした。しかし、一九七一年にバングラデッシュが独立して以後は、一つの宗教として認められ、状況は非常に大きく変化してきています。まず仏教徒が市民として認められた、ということです。具体的に言うと、投票権と、議員になる権利を保証されました。実際に議会に仏教徒の代表がおりますし、内閣の中にも重要な地位をしめています。このような一つの政治的な変化がおこってきています。教育、文化の面でも、大きな変化がおこってきています。いろいろの面で政府は仏教徒を援助しています。たとえば古い破壊された仏教寺院を再建するとか、放棄されていたアシュラムを再興するとか、あるいは考古学的な仏教寺院を発掘していくとかです。仏教文化をバングラデッシュの貴重な文化としてみとめ、そのための援助を惜しまないというのが今日の現状です。

教育の方でもいろいろなレベルで政府は仏教、教育を援助しています。仏教にとってサンスクリットとパーリ語は非常に重要な言語であります。パーリ語を学ぶための六十五の教育機関とサンスクリットを学ぶための三百の教育機関がありますが、政府は経済的な面で非常に多大な援助を与えております。また、バングラデッシュには二つの大きな中心的大学がありますが（ダッカ、チッタゴン）、そこではサンスクリットとパーリ語が重要な学問の分野としてみとめられ、修士課程も与えられています。そのほか仏教の団体独自で十ほどの高等学校と一つの大学をもっているのですが、これにも経済的な多大の援助が与えられています。ですから、政治、文化、教育の面で政府は仏教徒に市民権を与えていると言えます。仏教徒独自の活動という点では、たとえばさきほど話しました二つの孤児院の経営も政府が積極的に援助し、さらに外国からの援助も妨害することなく十分にその権利をみとめています。

さらに仏教徒の青年活動としては、千九百五十ほどの仏教徒の団体が組織されていて非常に辺鄙《へんぴ》な村に入りこんで、その村の生活向上のためにいろいろ努力しています。世界仏教徒大会などに、あるいは、青年大会などにはこういった青年の組織から政府の経済的援助で代表を送り出すというようなこともやっています。ですから政府は仏教徒の活動に対して、常に援助を惜しまないと言えるのではないかと思います。

さて、先ほどの迫害の問題ですが、これについては非常にいろいろな誤解がありまして、確かに迫害の事実があることはある。特に辺鄙《へんぴ》な山地にそれが多いのですが、これはやはり政治的なことがらですし、私は政治家ではないのでこの問題には深入りしたくないと思っています。

歴史の意味

咸《ハム》錫憲《ソクホン》

私がご紹介申し上げるのは不適格かと思うのですが……。

私がはじめて先生にお会いしましたのは、「禅とキリスト教懇談会」でした。十年位前になると思います。私が親しくしていたドイツの平和運動家を介して知るようになり、「禅とキリスト教懇談会」に来られて、私たちと知り合いになりました。以前からお名前はおききしておりました。然りは「然り」、否は「否」と単純に言われるものですから、いろいろな迫害を日本政府からも受けられました。それでも人民の立場、人間の立場で、本当の精神的生命を生きて来られた方です。ひとびとと称して、「コーリヤのガンジー」と、呼んでいます。真心の人です。

（押田成人）

わたしは北鮮（現在の朝鮮民主主義人民共和国）に生まれました。朝鮮、あるいは韓国、と、二つの名前で受け継がれ、二つに分かれていますが、もと朝鮮の生まれです。今はソウル市に住んでいます。一九〇一年生まれ。皆さんと友達になるためには、自己紹介をしなければなりませんが、なるべく簡単に……。

わたしがクエーカーになった時に、どんな風にしてクエーカーになったかと言われたから、それに答えるために小さなパンフレットを書きました。そのタイトルがちょっと面白いのです。"Kicked by God"「神様の足にけられて」というおはなしです。というのは、自分で判断してみても、今までやってきて成功した事は一つもない。みんなしくじってばかりいます。ですから、わたしは失敗の一生だと、こう言っています。どちらかというと考える方の人間で、行動があまりできない人間です。考えることは多少考えます。始終ああしようか、こうしようかと……。確信といえば確信がありますが、それを実際に移そうとすると、わたしは躊躇する。八十になった今でも、始終足かせがある。それでぐずぐずしていると、まわりの事情からやむを得ずそこに行かなければならないようになる。後になって考えると神様にけられたことに気が付くのです。

貧乏な小作人の家に生まれました。父は漢方医をやっていました。韓国で平安北道《ピョンアンプクト》というと、作物をつくる人々で、日本で言う被差別部落に当たるほどではないけれど、ちょっと似ています。生まれた当時は、韓国が政治的にも宗教的にも、全ての点において堕落していた時代です。日清戦争は私の生まれる直前、四歳か五歳の時に日露戦争、九歳の時に国がいよいよ滅んで、日本の植民地になりました。そのような育ちで、八十になる今までおだやかな日はほとんどない。幸いなことには非常に田舎で辺鄙な所でしたから、腐敗していたその当時では、比較的平和な村で育ちました。地元の宗教は、長年伝統的に仏教と儒教がアマルガム（混淆）されたもので、そのような宗教は活力がない。ヴァイタル・フォース〔vital force〕、そんなものがない。そこにキリスト教が入って来ました。わたしの生まれたような地域にキリスト教が当時入ってきたということは例外で、こんなに早く入った所は他にないのです。それでわたしは幼い時分から、キリスト教の教育と、西洋の知識と、民族主義的な主張の中に育ちました。ですから、わたしの中には幼い時から民族主義、

咸錫憲

ナショナリズムが強く入っています。でも、生来おとなしい方で、悪くいうと元気がない。勇敢でない。国がまさに滅ぶという時に生まれていますから、それが私に非常に強く影響しています。十一歳の頃から、強制的にみな日本語で教育を受けていますから、日本語は「第二の母国語」となっています。

大学教育は日本の東京で受けました。その頃、内村鑑三先生の集まりに出るようになり、わたしの信仰に大きな変化が起こりました。

一九二三年、ちょうど〔関東〕大震災の頃のことです。少年時代に自分の国が、日本の植民地になるという経験をしてますから、普通ですと、非常に排日的な思想を抱くようになっている筈ですが、不思議なことですが、生まれつきおとなしいからかもしれませんが、かつて日本に対して排日的な感じをもった記憶はありません。日本人がいやではあったけれども、憎んだことはない。また、勿論、幼い時からキリスト教を信じていましたが、信仰というものが本当はこういうものであったかと心を開くようになったのは、内村先生に会うようになってからです。はじめて内村先生の集まりに行った日に、ちょうど先生はエレミヤ書を講義していました。エレミヤの生涯を話しながら先生がおっしゃるには、これが本当の愛国だと。

当時、わたしは二つの道を前にして迷っていました。幼い時からキリスト教を信じているから、神を捨てるわけにはいかない。しかし、当時日本では社会主義が盛んに興りつつあった時です。わたしは、韓国を救うためには、共産主義あるいは社会主義によろうか、キリスト教信仰によろうかと。それまではキリスト教でなければならないと考えていたけれども、時勢がこういうふうになったからには、共産主義によるよりほかないんじゃないかと、こういうふうに迷っていたのです。非常に迷っていたけれども、先生の講義を聞いて、キリスト教信仰で韓国を守っていこうと態度が決まってしまいました。

大学教育をおえて国に帰り、十年間中等学校の教員をやりました。それが職業のすべてです。日本が満州戦争を起こし、中国に侵入する、そして太平洋戦争へと向かっていた時期には、とても教壇に立ち続けることができないのでやめました。そのうちに、二度ほど牢屋の中に入れられました。別に直接行動したのではありませんが、いわゆる思想が悪い、日本の政策は韓国人をみんな日本人民にこしらえようとするのに、それに反対するというので、牢屋に入れられたわけです。一方、第一次世界戦争が終わったのが、わたしが十七歳の時です。その時には、イギリス人のH・G・ウェルズの『アウトライン・オブ・ヒストリー』を読んで、思想の上に大きな変化を受けました。それ以来、わたしは自分自身でコスモポリタンでいるわけです。歴史を見る目においても、以前とだいぶ違うようになりました。そうするうちに太平洋戦争となり、終戦となりました。

戦争中、わたしの頭にこういうことが浮かんでいました。この戦争がやめば、世界の歴史は非常に変わるだろう。今までの戦争は、国境を変更するだけにとどまったけれども、この戦争が終われば、そんな程度じゃない、人類の社会の構造が根本から変化するだろうと。そうすると、宗教はどうなるだろうか。宗教は、変わっていく社会に後からついていくだろうか。わたしの当時の判断では、もちろん宗教は本当の意味から言うと、文明に先立ってリードしていかなければならないけれども、今度は多分、それができないだろうと。キリスト教、仏教、ヒンズー教、マホメット教、みな含めてのことです。

なぜこの新しい文明を先に立って指導していくことができないのかと言うと、現代の宗教は、みな国家主義と深く結合しているからだめだ、と判断しています。ナショナリズムと申しましたが、わたしは少し註を入れます。ナショナリズムを東洋の言葉に翻訳すると、二つになります。一つは国家主義、一つは民族主義。民族主義はかまわない。（悪い）のは厳格な意味でいうとステイティズム、即ち国家主義と言わなければならない。皆さんの前で申し上げたい事の中心点はそこにあります。わたしの今までの考え方はそうだったし、今後もそうです。

わたしの考えでは、今、現在世界中であらゆる国がぶつかっている問題は、一口で言うと国家の問題です。今までは国家というものは、人類を育てあげるのに非常に助けになりました。国家は小学校の先生ともいえるし、後見人ともいえました。もし国家というものがなければ、人類は今のような成長点に達することができなかった。あるいはできたとしても、もっと遅かったかもしれません。一般的表現で言うと国家至上主義、これが悪いということです。

いのちは発展する。組織というものは固定してしまうと変わらない。そこに原因があります。今まで人類が育ってきた時代には、国家なしにはできなかったかもしれません。しかし、今は人間が国家よりもアウトグローしました。それで国家という制度は、国家至上主義がそのまま続いていくと、人間が成長していくのを妨げるようになります。今、自由主義か共産主義かというように分かれていますが、両方とも国家主義であるという点では変わりはありません。両方が争っている時にも、わたしはイデオロギーは問題じゃないと言ってきました。果たして、今ではもうイデオロギーなど問題にしません。イデオロギーが違っても、両方とも国家至上主義が働いていて、それがために人類社会が混乱に陥っている。国家が、本当の人間の倫理的生活を助けるためにあるのではなくて、支配主義に陥っている。それだから、将来の問題を考えますと、わたしたちの国家観が変わらなければならない。政治なしに生きるというのではありません。いくら理想主義であっても、不完全な人間である以上は、正しい意味での政治は必要です。しかし、政治権力を握っている団体組織が、絶対力をもって支配していくことには反対します。

それとまた離すことのできないのが、経済問題です。国家が支配主義を離れないと、同時に経済の方面からも同じような問題が起こってくる。今の経済は、大がかりな大規模経済で、原料の地下資源があるところで確保し、これを利用して市販商品にして、売りつけるためには競争しなくちゃならない。世界中に、(資源)が平均にひろがっているわけではないからです。

経済と国家は密着していて、国家はお互いに競争せずにはたっていかれないような性質のものです。したがって、戦争は必然的です。戦争をすると、もう人類は滅亡しなければならない。ということは、わたしたちの国家に対する考えが変わらない以上、ここに革命が起こらない以上、人類の運命はもう決まったようなものです。

それが押田さんも指摘しているように、何か技術的なものによっては解決できず、解決は必ず精神的な道徳的な方からこなければならないということは明瞭なことです。そしてその責任は、どこに誰に落ちるかというと、当然宗教に落ちてくる。

ところが正直に言って、現在の文明化した宗教という宗教は、みな国家主義と密着している。国を捨てても、わたしはこの宗教のために殉教する、という精神が本当に生きているかというと、そんなものはありません。わたしはクリスチャンですからクリスチャンの知識で話しますが、キリストは「全てを捨てて、私についてこい」と言っているが、果たしてキリスト教が全てを投げ捨てる覚悟ができているかというと、なかなか、実際にはそうではありません。

こういう問題は信仰ばかりではなしに、信ずると同時に、現実の問題を研究して、そこから判断が出なくてはならない。ところが、わたしにはその知識はありません。ここではただ、人間が人間である以上、その奥には人間が神の姿、そのとおりにつくられたものだということを申します。人間が人間である以上は、必ず自分の作った問題を解決するだろうと信じております。しかし現実に、すべての国家、すべての宗教が果たしてそういうことをやりうるだろうか。わたしの信仰として信じますが、それについて具体的に肯定的な答えを申しあげる実力はわたしにはありません。

次に当然に来る問題ですが、お前はそれでも宗教を信じるか、ということです。順序があべこべになりました。先に申し上げるべきでしたが、わたしの宗教の立場は普遍宗教です。宗教の本質はつきつめていけば同じです。一つになるんだ、という信仰です。人類の将来を考えて、それでもお前は信じるかというと、「信じます」と考えます。現実には、人類はその問題に落第して滅亡するかもしれません。それでもわたしは信ずる。というのは、生命は必ずしもこの世だけが生命の全部ではありません。また他に生命があると信じます。地球の上でわたしたちが経験している、知っているこの生命が、唯一の生命ではない。その他にいくらでもありうる。あるとは断言できませんが、ありうる。それだから、宗教を信ずる者の覚悟は、この人類が滅亡しても、それでも信ずる余裕がなければなりません。キング・オブ・ゴッド、キング・オブ・ヘヴンだとか、西方浄土だとかいうのは、そういう点において考えなければならない。おのずからにこれは自分自身の決意の問題になります。自身としての信仰は、この地球を救いうるならば、もちろんありたけの力を尽くして救う。それがわたしたちの責任にならなければならない。しかしながら、もしできないとすれば、次に生まれる新しい生命の種にならなければならない。わたしたちの問題は過去にあるのではなくて、未来にある。わたしにとっても、現在それが一番の中心問題であります。

ところでこれはわたしの知識が狭いからこう考えたのかもしれませんが、西洋において近世に入ろうとした時に、文芸復興、ルネッサンスがあった。それと同じように、将来を考えれば考えるほど、今度は現在持っているわたしたちのクラシックを新しく開発しなければならないのではないかと考えます。ところが西洋の今まで持っているクラシックは、ほとんどみな利用し尽くしたのではないか、却って東洋のクラシックを研究する必要があるのではないか、とこう考えます。そう言いましても、わたしの知識は実に貧弱な限られたものです。それでも自分のできる範囲内で、バガヴァッドギーター〔ヒンドゥー教の聖典の一つ〕を読み返してみたり、老子、荘子にも当たってみたり考えてみたりしています。老子や荘子などには、そういう気持ちで読んでみると、わたしたちに大変助けになる思想の芽生えを開いてくれるようなものがたくさんあります。

あんまり長くなりますので、これで打ち切ります。

犠牲のうちに会議を支えている人々

この会議に、どうしてもいてほしかった人、それは被爆者であります。御存知のように小さなところの会議で、大勢の被爆者を招くことができないので、少なくとも一人、被爆者の代表の方、お年よりの方を招きたかった。その方も喜んで参加して下さるはずでありましたが、この会議のはじまる直前にこのようなお手紙をいただきました。

森瀧一郎さんです。

拝啓、本当に相済まないことになってしまいました。只々御宥恕《ゆうじょ》を願うのみです。八日夜から発病、就床静養、例年秋口に疲れを出して寝ることが多いのですが、今度は風邪、発熱と重なったため、家族に心配をかけました。肺炎を恐れたのです。さいわいに肺炎はまぬがれました。しかし予後を心配する家族が、旅行など許してくれません。会議で申し上げたかったことは、原爆後半年の入院生活（原爆で右眼失明で眼科に入って居りました）の中で、近代の文明を、力の文明として批判し、愛の文明に人類生存の道を求めようとしたことでした。いつの日か拝眉《はいび》面談の機を得たく願っています。よいお集まりの稔りを拝聴できる日を期しつつ、今は心より不参のおわびを申し上げます。

森瀧一郎

もう一人、ヴェトナムからホームレス・センターというところで働いていた一人の方を招待しました。

どうしても出席して、何かを言いたいために彼女は最後の手段を採りました。秘密に出国したようでありますが、今行方不明であります。どうかお祈り下さい。

それからもう一人、原田龍門先生（岡山の）からもお手紙をいただきました。

愚老のこと、一昨日朝、速達の郵便物を出すために郵便本局へ急いで出かけましたところ、三百メートルほど歩いた時、両脚のふくらはぎが急に硬直して痛み出し、歩行ができなくなりました。引き返して杖にすがってやっと家に辿りつきました。電気をかけたり、指圧をしたりして、それに昨日今日と暖かい天気になりましたので、ほぼ正常にかえりましたが、こんなことは八十年の生涯ではじめての経験なので、気候風土の異なる御地に参上し数日間滞在することに不安を感じるようになりました。

皆さまに御迷惑をかけるようになっても困りますし、妻もしきりに止めますので、楽しみにしていました九月会議への参加は取りやめに致したく、何卒おゆるし下さい。

ということでした。

それから工藤さんという方、この方も参加を希望していました。日本語にトマス・マートンの本を訳していた方ですが、この方が持っていたトマス・マートンのオリジナル・チャイルド・ボンブ（「原子爆弾」の英訳）――大体原爆が落とされるに至った時の経過を詩った叙事詩――これを皆さんに配りたいと思います。

…………

つまりこの会は、生命がけで生きて来た人だけがいる、ということだけではなしに、この会議自身が、何か生命がけで行なわれていることを自覚しましょう。

（押田成人）

地下水を求めて

ナレーション　山深い信州の八ヶ岳の山麓に、高森の静かな村落があります。谷をはさんで南側には南アルプスの山々が迫っていました。村には、八ヶ岳の地下水を集めて湧き出る泉があります。人の訪れることも少ない泉の水は、秋も深まった高森の里を、南の谷へと流れて行きます。この静かな村で、九月二十三日から三十日の一週間、ある国際宗教者の集まりがありました。世界各国から二十人、日本国内から二十人の人々が集まって来ました。

アフリカで黒人として初めて司教となったロドヌさん。バングラデッシュからやってきたヴィシュダナンダさんは、独立の父とも呼ばれる仏教指導者です。戦争中、爆撃機の塔乗員として日本を空襲していたキャンベルさん。戦後、日本人と初めて会った時号泣し、以後、修道者となって平和を訴えています。

彼らは、生活習慣や言葉、宗教の違いを超えて、共に祈り、共に食べ、そして時に共に働き、話し合いました。「私は自分の信仰をあくまで守るでしょう。しかし、ひとの信じている宗教に、限りない敬意を払いたいと思います」。参加者の一人が述べた言葉は印象的でした。集まった人々が話し合ったこと、それは宗教者として、現代をどう考えるか、そして、宗教者として何をなすべきか、ということでした。

この集まりを計画し、実行し、司会したのは、三人の方たちです。カトリック神父の押田成人さん。二十年ほど前から高森に住みつき、五反の田を耕し、自給の生活を送っています。国際基督教大学で宗教社会学や歴史を教える葛西實さん。プロテスタントの信者ですが、禅を行じ、内外に多くの宗教者の友人を持っています。駒沢大学教授、鈴木格禅さん。禅僧ですが、ヨーロッパの修道院で一カ月の修道生活を経験しています。

金光　会議の途中の時間をお割きいただいて、どうもありがとうございます。長野県富士見町の高森というところに、今、外国から宗教者の方が二十人ぐらいお見えになり、日本からも二十人ぐらいお見えになっていて、会議をなさっているということでございますが、その会議の、最初に思いつかれた時のことから、お話を伺いたいと思います。

押田　これはねえ、何か考え始めたってんじゃなしに、何か、良心の奥の方から聞こえてくる声を聞き始めたってことだから、正確にいつと言えませんが、まあ二年ぐらい前から、そういう声が、だんだんはっきりしてきたんですね。そして去年の夏、アメリカに行って、精神指導者たちの黙想会という、日本語でいうとお籠《こも》りってやつですが、いろんな世の中との関わりを離れて、一週間なら一週間、籠って行をする。そのお世話、指導を頼まれた時に、この声がはっきり聞こえてきましたねえ。どうしても緊急に、宗教界の責任ある立場の人々が集まらなければならない、ということが、皆を通しても、はっきりした声として出てきたわけです。だから、それからすぐに招請を送ったわけですけれども。

金光　で、今お集まりになっていらっしゃる方の人選と申しますか、その時、どういう方たちにお集まりいただこうとお考えになったんでございましょうか。

押田　有名人とか、それから国際会議に慣れてる人とか、ということじゃなしに、本当に、今の、この苦しんでいる人たちの苦しみを運んでいる人たち、それから、人類の危機というようなことを、観念じゃなしに、自分の生き身で、それをはっきり受け取っているような人たち。ですから、そういう人たちは、すでに出会った人たちですね。出会った人たちの中で本当に出会った、そういう人たちを選んだわけですね。

私だけじゃない、推薦もあったわけですけれども。

金光　押田先生は、もちろんカトリックの方でいらっしゃいますが、お隣りの鈴木先生は禅宗の方でございます。禅宗の鈴木先生が、今度の会議には、どういう形でお関わりになられたんでございますか。

鈴木　押田先生、それから葛西先生は、もうかなり古い先輩と申しますか、友人と申しますか……。で、そのお話がありました時にですね、心の音叉《おんさ》の共鳴りとでも言うんですか、そういったものが大変強く響いてまいりまして。私は国際的な知識も視野も何もないんでありますけれども、その企てといいますかね、それに大変感銘し、共鳴して、私のようなものでも参加させてもらえるものならば、というようなことで参加させてもらった、そういうことであります。

金光　葛西先生は、大学で教えていらっしゃる先生ですが、その葛西先生が、今度の会議にはどういう形で、関わられたんでしょうか。

葛西　まあ具体的な機縁は、禅とキリスト教の懇談会というような集まりが年に一度ずつあるわけですけれども、その二回目に、押田さんにお会いして、そして確か三回目に、鈴木先生とお会いしましたねえ。で、そこでお会いしていくうちに、何か非常に共有するものがあるんですけれども、それがいったい何であるのか、ということを考えていきますと、お二人の方が指摘しましたように、表面にはなかなか隠れて出てこないんですけれども、しかし、よく見ていると、うめきに近いような形で感じとられるような、この世界の隠れたところの苦しみ、その破れを通してくる非常に深い沈黙、祈り、そういったものを、このお二人の人が非常にご自分の生活の中で感じておられるし、そしてまた、そういった痛みに打たれている響きが、その周辺に広がっている。それが、私が直接肉体に、何か共有するところ、共感するところがあると感じた、その所在じゃないかと思っているんですけれども。で、この集まりに、お手伝いをさせていただくようなことになりましたのは、やはりそういった具体的な出会いの機縁と、それから、私自身の歩んでいった過程における、さまざまな広がりが、一つは実は背景にあって。で、私が十年二十年と出会いを通して交わった方も、実は、この会議に参加させていただいているわけです。

＊　＊　＊

ナレーション　この会議は、何人かの女性も参加しています。香港やインドからやってきた修道女の方や、大阪に住む禅宗の尼さんなどです。多くを語ることはありませんでしたが、そのふるまいから、日頃の宗教生活を感じとることができました。

押田　あなたは香港で、キリスト者の母親の役割を果たしているようですね。周りの人をお世話なさっていますし、また最近ラマ島で何か始めたとか……。

ルイザ・ルイ　答えはイエスともノーとも言えます。確かに何かを始めましたのでイエス、一方、このラマ島には以前から女子修道院がありますので、こと新しい事を始めたというのは当たっていないのでノーです。およそ二年半ほど前ですが、この修道院の維持がむずかしくなりました。というのは、修道女たちが、この修道院を去っていったのです。そこで私は、修道会の総長に頼んで、ここに来させてもらいました。私を含めて四人がここで生活しました。私はいつも、もっと質素で、もっと貧しい生活をしたいと思っています、ちょうど、この高森の生活のように。一九七四年に、私がここをお尋ねした時に、私はインスピレーションを受けたのです。

押田　もう七年前になるのですね。

ルイザ・ルイ　ええ、私、私たちの修道院が、若い御婦人や修道女の方を、いつでもお迎えできるような所にしたいと思っています。そして、いつも静かな安息の場所となればよいと思っています。

＊　＊　＊

金光　ここは、小淵沢に近い長野県の、ま、ふつうの会議では考えられないような、不便といえば不便な所でございますし、しかも、農村のど真ん中というような場所で、会議場といっても拝見しますと、そんなに広くはないところに、皆さんが集まっていらっしゃるんですが、ここをお選びになったのは、どういうことでございますか。

押田　選ぶ余地はなかったでしょう。この集まりも、組織した集まりじゃなくて、さっき言ったような、聞こえてくる声によって起こった出来事ですからねえ。従って必然的に、あ、それならあそこ、という、響く場所というものがあるわけですね。つまり、どこまでも、意識の世界のことじゃなしに、出会いなんで、やっぱり、それを感じておられたんでしょう。この参加者の大部分の方が、じゃあ、高森の草庵でやろう、という答えがすぐ返ってきましたね。設備も何もないんですが、とにかくどういうことかっていうと、根を生きようとしている、すべての宗教の枠ということの中で生きるというよりも、お命の根を生きようとしているという場だから、やはり、この集まりは、そういう場においてしなければ、何か雑音が入ってしまうということでしょうね。

金光　すでに、もうこの高森で始まってから四日目でございますねえ。それで、その間、集まられた方たちの出会い、お話し合い、そういう中で、最初、こういう方向へというようなことは、あんまり考えていらっしゃらない、というふうに伺いましたけれども……。

押田　いやあ、一つはっきりしていることは、お招きしたのはみんな忙しい方たちです。重要な仕事をもってる方たちですが、ほとんど間髪を容れずに、「行きます」という返事が来ているんです。ということは、みんなやっぱりその声をなんらかの形で聞いていた、ということですねえ。だから、要するに、集まるということは、各自が聞いているその声を確認するということ。で、それぞれの世界の土地で、どういう形でそれを聞いているのか、という響きを確かめあう、ということでしょうね、まず、基本的には。で、それにもとづいて、必然的にそこから次の関わりの何かが生まれるはずですしね。だから、今んとこは、今までの歩みとか、それから基本的なヴィジョンというようなものの語り合いを始めたところですね。

金光　鈴木先生は、現在までの間にお感じになったことは、どういうことですか。

鈴木　何人かの方が、まだ始まったばかりでありますので、数は必ずしも多くはないんでありますけど、いろいろな国からいろいろな宗教の方が、それこそ、民族・歴史・文化、そういったようなものの違う方がですねえ、一堂に会して、そこで発言されることが、申し合わせたように、表現のしかたが多少違いますけれども、同じことを目指して言っている。これは一つの驚きでしたですねえ。

金光　その同じことと申しますと、どういうことですか。

鈴木　ええ、今、押田神父さんもおっしゃったように、体制とか組織とかいうような、そういったことではなしに、いわば、大地、という言葉が出てきたので、それを借用したんでありますけれども、大地、もしくは、その地下水と言いますかねえ、地下の根のところが大事なんだということでの、ほんとの声ですねえ。こんなに皆さんが、真剣に、深刻に、真正面にそれをうけとめて、考えておられるというのは、正直言って、予想もしておりませんでした。

金光　葛西先生は、会議の場所で、通訳をなさって、大変お疲れのご様子でございますが、言葉の問題で、ずいぶん集中してお聞きになっていらっしゃるのが、はたから窺っていても感じられるんですが、そういうお仕事を通して、どういうふうにお感じになっていらっしゃいますでしょうか。

葛西　やはり、共通の問題意識だと思いますね。で、それが何であるのかということを一言で言いますと、もう二人の人が言われましたように、根の意識だと思うんです。それぞれの文化における根の意識、そして、その根が無視されているっていうことに対する痛みですね。例えば具体的に、歴史的に言いますと、このアフリカの方の発言、あるいはアメリカの方の中にも、それは非常に明確に聞くことができたんですけれども、その根を、潰されている、切られているという痛みですね。で、そういう状況の中で、人間として育っていく一番大切なところを失っている、喪失しているっていう、この痛みの念ですね。そういった、文化の破れの中から、もう一度人間としての、生き方、新しい文化を創出していくためには、どうしたらいいのかと、いうことになりますと、やはり、もう一度、その根を回復すること、根に還っていくこと。確かに潰されたけれどもまだ根があると、いったような、問題意識ですね。そして、さらにそれから、今度は具体的にどういう形でこの問題を受けとめていくか。それを単に、小さな文化圏の問題じゃなくて、世界的な視野から問題として受けとめていこうというところが非常に窺われて、感動しているわけですけれども。

金光　一方、ひるがえって、日本人の生活を考えてみますと、三十年前に比べると、経済的には大変豊かになっておりますし、いろんな面で、表面的には文化の恵みを受けているというのが現実ですが、ただ、祈りという言葉一つにしましても、日本人が神様に祈る場合には、何か自分に何々をして下さい、というような、例えばおそらくそういう形での、祈りという言葉を聞くと、そういうことをすぐ連想する方がかなり多いんではないかと思いますが、ここの場所での祈りというと、これはどういうことでしょうか、それとはかなり違うように受け取れるんでございますが。

押田　そうですねえ。この祈りという言葉から言いますとね、いってのはいいきですねえ、息。息に乗って運ばれるもの。存在の奥から非常にありがたいとき、非常に苦しんでいるとき、存在の奥から、自分の息ではないような、向こうからの息によって運ばれるもの、これが祈りなんですね。その運ばれるものが意識に響きを与えれば、祈りの言葉になるわけです。ですから、そういう、運ばれる現実がなければ、祈りっていうのは、現実にはないわけですねえ。だから、要するに祈りの場ってのは、ただここに来て、みんなで何か祈ろうってんじゃなくって、やっぱりそういう存在が、同じ息に乗って、今言ったような同じように息に乗って出るものがあれば、同じ祈りがある、ということでしょうねえ。ことにそれが、ただ根に還るっていう一般論じゃなくって、根がない社会というのはどういうのかっていうと、要するに意識化された社会です、表面化された。で、表面化された社会では、欲望の制御もなければ、幻想についての抑制もないわけですね。今、経済でも政治でも、その幻想と自己主張の欲望っていうもので覆われて、それに反省もできない状態なわけです。結局、そういう意識だけの世界になると文化は滅びるわけですが、現代文明も、いずれかの形でなくなっていく状況にあるわけですが、このような非常に空白感があったときに、必ず魔の手が動くわけですね。この魔の手が動いているという危機感が、集まれって声になって聞こえてくる声なんですがね。この魔の手が動いて、社会がその中に巻き込まれていくとき、これを意識的に、あるいは教育的に、あるいは技術的にどうしようたって、どうにもならないんですよ。こういうその魔の手に対して戦えるのは、やっぱり、根に還っていくしかないんですね。だから、現代の危機感っていうか、原子爆弾によって、原子兵器によってほんとうに今の文化圏がメチャクチャになるかどうかという土壇場で、そっちにどんどん走っていくという所で、やっぱり、どういう祈りかというと、この痛み、この現状を受け取って、そこでうめく祈り、それが、ここに来ている人々の祈りなんですねえ。だから、祈りっていうと、なんか個人的で抽象的に思えるかもしれないけど、そうじゃなくって、もっともリアリスティックで、もっとも現実的で、何ていうんですかね、もっとも人類的なことなんですねえ。

金光　葛西先生、先ほど心の痛みということをおっしゃいましたが、これまでのご発言なさった方の内容で、具体的に一、二、印象に残っている方の言葉を、ご紹介いただけませんでしょうか。

葛西　もう、一人ひとりの発言にそれを深く感ずるのですけれどね。言葉にはなっていませんけれども、例えば、顔一つ見てましても、やはり、もう何世代となく蓄積されてきた痛みというものは、顔に刻み込まれているんですね。ですから体全体が、例えばアフリカの人、あるいはアメリカのインディアンの人、あるいはインド人などに、非常に出てくるわけですけれども、自分たちの立っている基盤を根こそぎにされたという意識、それはやはり非常に深い痛みとして、その人たちの表現を超えて、直接に響いてくるわけです。そういった響きの中でも、実際に破れた時には、もう言葉にならないような、沈黙の世界の中に入ってるんじゃないかと思うんです。ある意味で呆然としてるんじゃないかと。しかし、その呆然とした意識の中に、根を意識してる、根を自覚してる、と。そこから出発しなくちゃいけない、確かにすべてを奪われたけれども、そこから出発しなくちゃいけないと。言葉にならないけれども、その痛みが、祈り自身になっているんですね。根を意識して生きている人の、生きているそのものが祈りである。ですから、文化の一番の根を意識している人たちの生き方は、祈りである。それは確かに言葉になっていないけれども。そういうような、非常な痛みの響きとして、感じられるわけですね。そしてその視点から、今度は現実の世界を見ていくと、その痛みを共有していない視点から世界を見た場合と、全く違った世界がそこに出てくるんですね。

＊　＊　＊

金光　今度の会議にご参加になって、ご感想いかがでございますか。

咸錫憲　第一ねえ、来られるか、来られないかが、心配していましたけれども、幸いに来まして、大変うれしかった。そういうような状態だから、別に押田さんとの文通もないし、どんなことが準備されるのか、ほとんど知らない、ただ一番初めにもらいましたその趣旨の手紙だけで、大体、宗教家たちが、平和の問題で集まるということは聞きましたけれども、ほとんど、予想することができなかった。来てみると、大変よかったと、第一の感じがそうです。実は、前から知ってた方は三人しかないんです。禅とキリスト教の懇談会でお会いした三人、しかも、そのうち名前を覚えているのは押田さん一人だけであって、ほかの二人は名前も覚えてなかったんで、まぁすまない話ですけれど。で、みんな初めてだけれども、みんなの考え方が、大体として似たような人が多い。同じような問題をみな考えておる人たちなんだから、大変、安心した。固くならずに、接触することができて、大変良かったと思います。

金光　そこで、宗教というものは、本来の宗教は、どういう働きを出来るものでしょうか。

咸錫憲　はい、私の考え方でいうと、こうです。自分が宗教を信じている者であるだけに、そういう場合には革命がいくつもある。歴史の将来が見通しがつかないという場合どうするか。宗教というのは一体、歴史の先に立つものか、後ろについていくものか。共産主義の、左翼的な考え方の哲学は、あらゆる文化がみんな、共産関係の変化によって変わる、土台の仕事いかんによって、上層の建築は変わるんだ、とこう言っているけれども、私は、それには反対する見方です。宗教が、もし、そういうふうに、土台が変われば上層建築が変わるように、変わらざるを得ないようなものなら、宗教を信じる必要はない。それよりか、文明という光を見ない、ずっとずっと原始的な時から、宗教はあったもので、何だか知らない、知らないけれども、その光によって照らされてきた、それこそ宗教の世界なんだ。だから、宗教はあたりまえにいうと、変わろうとする時代に、先に立って道案内人をしなければならないというもんだ、そう考えています。ところが今は、どうもそういう見込みがないというのが、結論なんです。現在の制度としてのこの宗教は、ダメだろうと。それだから、この意味では、新しい宗教が生まれてこなければならない。それについては、私のまた信ずるところがあります。本当の宗教というものは、与えられるべきものであって、作ってはできないということ。それが、私の信仰からきた結論であります。

金光　そうしますと、与えられるためには、人間の自覚、心の方の問題ですねえ。人間が自分というものを、どういうふうに考えるかということが、その与えられているものを受けとめることが出来るか出来ないか、のポイントになるんじゃないかと思うんですけれども、その辺は、どういうふうにお考えですか。

咸錫憲　その第一は、私は、信仰というのは、絶対の肯定主義だ、人間は否定する権利はないと思います。生命というのは、選択を許さない、生きて良ければ生きるし、生きる必要がなければ生きない、というのじゃ生命じゃありません。生命というのは、いやでもおうでも生きるべく命じられたもんだと思う。これはもちろん、人間から命じられたんじゃない、ふつうのありふれた言葉で言うと天命。天とは何かというのは、これはまた別の大きな話になりますけれども、とにかく、生命を私たちはもらっただけであって、もらったものであれば、それをなるべく、それこそ心の中で悟って、なすべき義務を尽くす、できるだけ発展せしめるという義務があると思うんです。

＊　＊　＊

金光　押田神父にお伺いしたいんですが、日常の生活の中では、非常に、日本の場合は忙しかったり、身近な所に目標を置いて朝から晩まで働いたり、そういう形で、今ここで話されているような問題を自覚する暇がない生活をおくっている人が多いんじゃないかと思うんですが、現実にこれからこういう問題は、日常意識しないもう一つの深いところからの見方というものを、一人一人が自覚できて、初めて広がっていくんじゃないかと思うんですが、その辺のところはどういうふうに考えていらっしゃいますか。

押田　でも人間は人間だから、この頃東京で、なんてのか、パチンコでもない、映画でもない、静かな部屋に入って瞑想するって、お金払ってそこへ入るってとこが増えてるそうですね。サラリーマンとかＯＬがそういうところに行くようですけれども、やっぱりみんな、なんか砂漠を感じて、それと自覚しないでも根に還りたいんじゃないでしょうか。だから、そういう渇きは、だんだん深まっているように、私には受けとれますねえ。観念の世界じゃない、存在の世界へ帰っていくような傾向は、あるんではないでしょうか。

金光　そうしますと、別の面から伺いますと、感じている傾向にあるその渇きを感じさせるもとになっているもの、例えば、科学文明というものだとか、あるいは宗教がずい分沢山ありながら、現実にはその渇きを満たしてない問題だとか、これからいよいよ話に出てくるであろうと予想されるものが、現在までの経過の中でいくつか、感想として浮かんでらっしゃるんじゃないかと思いますが、現在の問題点、あるいは、ここでこれから出されそうな問題、それは例えばどんなことなんでしょう。

押田　例えばね、日本なんか一番そういう事がひどいと思いますが、今度の集まりでも、科学者、実業家って人がいてもいいわけです。だけど、ふだんその人たちとコンタクトがないですよ、私たち。経済は経済、科学者は科学者、哲学者は哲学者、宗教家は宗教家ってね。そして、みんなそれぞれの箱ん中で何か働いてんですね、それじゃいけないと思うんだけど、なにか動いてんです。だから、本当にその人は生きてないんですね、どこでも。つまり、科学者だとか何とかいう前に、これは押田だとか、これは太郎兵衛だとか、そういうものが現実に生きていなければ、本当の民主主義なんていったって意味がないんだし、平和っていったって意味がないんですよね。こういうものを壊していくのは、やっぱり、あの根からくるエネルギーしかないんだということは、一つ課題になりますよねえ。教育も同じことがいえます。意識の世界にコンクリートづめするんじゃなしに、それを解いてやって、自分で関わることを、自分の関わりの中に洞察することが、それが知性なんだということを、体験させなければならない。従って、教えるだけじゃなくて、学ばせ、働かせなければならない。こういうようなこともね、あのガンジーのお弟子さんのデサイさんの話を聞いてると、みんな出てくるんですよ。個人的に存在する、かけがえのない存在になることなしに、社会との本当の関わりは出てこないし、社会との関わりなしに、その人の本当の人物は出てくることはないし。それは、教育でもあり、社会活動でもあり、祈りを深めることでもあると。ガンジーなんかがそういうことを見させたようですねえ、人々に。

＊　＊　＊

ナラヤン・デサイ　ある晩、私はベッドに横になっていました。両親のベッドはすぐそばにありました。二人は私が眠ったものと考え、私のことについて話し合っていました。子供はみんなそうですが、私も、両親が自分について何をしゃべっているのか知りたくて、そっと聞き耳をたてていたんです。その日の午後、ガンジーは、彼のアシュラムの同志に対して、インド国境を警護する部隊に入隊を志願する者は誰か、と聞いていました。この部隊は、外国から侵略された場合は、最前戦で敵の砲弾を受けると、ガンジーは言っていました。両親のやりとりというのは、二人のうちどちらが私の面倒を見、どちらがガンジーの部隊に志願するか、ということでした。母はこう言っていました。「私はすでに十六年間、息子の面倒を見てきた。だから今度は夫の方が息子を教育する番だ。そして私が志願したい」。一方、父はこう言いました。「たとえ私が息子の教育を引き受けても、他にやるべきことが多くて、時間的に無理だと思う。だから私が志願して、妻が息子を見るのがいいのではないか」。結局、二人は一緒に平和部隊に参加し、私を神の手に委ねることに決めたのでした。これが私と平和部隊との最初の関わりです。そして、ガンジーと両親の遺産なのです。それ以来、私は何らかの形で平和運動に携わってきました。こういう訳で、私はおよそ十八年間、インド平和部隊の責任者として全国を回り、彼らを組織してきたのです。私が村に戻って後進の育成に努めようとするのも、このためです。私は長年、若者と共に歩んできたのです。若い人々を心から信頼しています。彼らは、正しい方向性さえ与えられれば、立派に役目を果たし、喜んで自分を犠牲にするものです。

ところで、平和といえば、私はあのこと、あの出来事について触れないわけにはいきません。ヒロシマに落とされた、原爆のことです。あれは日本の歴史上のみならず、全人類の歴史上かつてない出来事だったと、私は思います。あのニュースを聞いた時、私の親しい友人の一人、かれは詩人なんですが、すぐに詩を書いたんです。この詩は世界平和に関心を寄せる人すべての感情を代弁していると思います。あの時、私たちの心は日本の人々に向けられていました。よろしければ、今、この歌を歌わせていただきたいのですが。私、歌は得意ではないんですが、それでも、ヒロシマ・ナガサキの被爆者の方々に対する私たちの世代の心のうちをお伝えできると思います。

神よ、地上に平和を！
悲惨なものは全て葬り、地上に平和を！
悲しみの叫びは今、地球のすみずみからきこえ、
数知れぬ人々が飢えと寒さで死んでゆく……
そして今、分裂した原子が
人類の滅亡をねらっている……
ああ、地上に平和を！

ナレーション　今回の参加者の多くは、飢えや貧しさ、支配される側の悲しみや苦しみを、身近に体験した方たちです。その悲しみや苦しみを通して、人間とは何か、人間はどう生きるべきかが語られました。ブラックエルクさんは、いつも、天と母なる大地と四方に祈り、捧げ物を供えてから、食事をとっていました。その言葉には、神々の住む父祖の地を失った悲しみが、あふれていました。

＊　＊　＊

＊　＊　＊

葛西　一つの大きな断絶があると思うんです。この人たちの状況を理解するためには。と言いますのは、私たちはちがった世界に住んでいますから。この人たちは根と直結して、そして根をほとんど潰されてしまった痛みの中に生きていますから、その視点から現実を見ていますから。日本人の場合は、特に近代化を通して最近はいろいろな点で恵まれてきているわけですね。ですから、この人たちは見ている、今は砂漠化の状況にある。生えている緑とか、水とか、そういうものがどんどん汚され、汚染され、本来の水の命がなくなってくる、本来の緑がなくなっていく、砂漠化されていくと。それを回復するためには、この地下水を掘り当てて、オアシスをちゃんと見つけて、そしてそれを大切にして守っていく、そこから一つの新しい世界を築き上げていくんだと。ですから、人間の原点に立ち返って、新しい世界を創っていくんだ、という強烈な意識があるわけですね。日本人の場合には、この砂漠化して行っているという意識が非常にない、とは言いきれない所があると思うんですね。やっぱり若い人は何らかの意味で、この殺伐《さつばつ》とした砂漠の状況っていうのは、感じてるんじゃないかと思うんです。オアシスとか地下水というものを求めている。そういう意味で、押田神父さんが今までずーっとこの田舎で、オアシスというもの、あるいは地下水というものと深く結ばれながら生きてきたということは、大変な一つの宝じゃないかと思うんです。そういうような原点で、いろいろな文化圏から来ている人、歴史的な経験が非常に異なるけれども、原点でお互いに結びつくところがあって、そして、その原点からもう一度我々の世界を一緒に見てみよう、見てみるべきではないか、というような方向が出てきてるんじゃないかと思うんですけれどもね。

鈴木　何かあの、意識、と言って申し訳ないんですが、集まりでいろんな発言を聞いてますと、いろんな違うものがドーッとここへ集まって、流れ落ちるというか、流れ集まる、そういう感じですね。

葛西　ただ、それが二つの仕方で出て来てるところで、今度はそれをどういう方向で交錯させていくのかが、一つの問題だと思うんです。一つはそういう原点に、もっと深く沈潜しようじゃないか、という大きな希望。それからもう一つは、その原点から見て、この世界がある意味で危機的な状況にあると、この世界が全部破壊されてしまうんだと、そういう危機意識から、少しでもその方向を変えていこう、現実に行動していこう、そのためにはどうしたらいいだろうか、というような切実な行動への願いもあるわけで。その二つが今、少しずれてきているんじゃないかと思うんですけれどねえ。

金光　この二つは全く違う問題のようでいながら、人間にとっては同じ根で結ばれているというような気もするんですが、この二つについて、どういうふうに考えたらよいのでございましょうか。

押田　例えばねえ、この根に還るほど、経済のもっているモラリティの欠如っていうようなものが、実にはっきり見えるわけです。経済ってのは、本物をね、本当の必要に対してできるだけ少ない犠牲で与えるという、これが経済の原則なんですよ。ところが今は、そうじゃない。必要のない所に、必要を幻想で起こさせて、そして代用品を与えて金をもうけるっていうんですからね。根本的にそれは、人間破壊の作業をやってるわけです。こういうような感覚は、本当に人間を壊してるんだと、そういう感覚がなくなっていますね。根に下がるほど、それがはっきり見えてくる。それがはっきり見えてくると、軍需産業の問題は、ただ軍需産業の問題じゃあなくなるんですね。世界が魔の手によって、軍需産業っていうような形を使って、原爆製造にみんなが走り始めたと。だから深みに入るほど見えてくるし、見えてくることが、すなわち関わることなんですね。見えなければ関われないんですから。だから、やっぱり一つですね。ガンジーも言うように。

葛西　本当は日本人は、現代史に於いてもまれといっていいほどの、例外的なナガサキ・ヒロシマの出来事が歴史の原点としてあるわけですから、根を失った人たちの痛み、あるいは危機感っていうものを共有できるような、歴史的な状況に置かれていると思うんですけれどもね。しかし、そういう原点に対する意識はしだいに失われていっておりますから、このあたりが一つの大きな問題だと思います。

押田　でもね、例えばあそこの小泉、泉の所へ行きますとね、泉のそばに座るとね、存在の中に包まれるんですね、神秘の中に。で、ふっと見ると高速道路が通ってるのね。明らかにあれは意識だけの世界なんですね。だけどまだ、意識だけの世界は小さい。この原点は壊せない、どうしたって。だから、まだね、日本でも根はなくなっていませんよ。だけど、このままおいといちゃいけないんですね。方向を変えなければいけないですね、はっきりと。

＊　＊　＊

マレー・ロジャース　私は、この集まりに来るのを、とても楽しみにしていました。それは、あなたのような二十年来の友達と会えるからでした。それに、今度の集まりは、ただ外で誰かと会うとか、信仰や、イデオロギーや、社会制度の違いについて議論をして、それでおわり、というのとは、ちょっと違う集まりだからです。押田さんの手紙で、私たちが、沈黙の中で瞑想する時間をもつことを知っていました。私のわずかな経験ですが、私が何人かの人と一緒にいて、とても感動したのは、言葉で話し合っている時ではなくて、完全に沈黙している時なんです。深い友情に結ばれ、言葉がなくても何の気づまりもなく、一緒にいるとただ楽しい、これに勝る時はありません。

私が沈黙について考えさせられたのは、私がインドの小さな村に住むようになってからです。そこは地球で最も貧しい人たちが住んでいる所でした。その頃の私は、口数が多く、観念的でした。私は彼らを変えようとしました。しかし、まもなく気がついたのです。私の考えが不当であることに。彼らの深い深い苦しみに直面した時、私は、その苦しみをおぼろげにしか理解できていないことに気がついたのです。苦しみにあえぐ人に、キリスト教の、西欧の、観念的な言葉で話しかけること、それがどんなに侮辱的なことか、私は知りました。言葉はとても浅薄で、使う気にはなれませんでした。私は黙って、座っているだけでした。頭で考えた言葉で、彼らに語りかけることに、嫌悪を感じました。そして、沈黙せざるを得ませんでした。そして、私は気がついたのです。極限の苦しみの中で、言葉や観念を捨てて、沈黙の世界の中に入ると、そこに、人と人との深い交わりが生まれることに。それは、無限の喜びであり、幸福であり、神秘であり、贈り物なのです。私の友達もみんな、そう感じています。

（ＮＨＫインタヴュー〔昭和五十六年十月十八日放映再録〕、制作・山本忠夫他）

会議の終わりに

我々には、他のよき意図のよき業を批判する権利はありません。すべてそれらの業は、犠牲をもって行なわれています。私は、他の平和のための努力、集合の努力を尊敬します。多分立つ見地は異なっているのでしょうが、我々が、我々の集まりを誇りにする理由はありません。安易に善悪を区別してはなりません。我々は、すべての人々と共に協力すべきであります。我々が軽蔑すべきものは、ただ根拠なき誇りとか、野心とかです。我々の誇り、我々の野心です。もし旅に出るなら、科学者や経済界の人々や政治家や教育者に会って、彼らの言うことに耳を傾けましょう。何かなすべきことがそこにあります。この一週間の生き方は、人類の新しい地平の象徴です。私はそれを味わっています。

九月会議は、ある意味で公のものであります。危機的転換の時にあって、精神的指導の立場にあるものが一堂に会し、祈り、語り合い、学び合い、確認し合いました。正に鈴木格禅さんのいうように、一つ一つがそれぞれの流れでありながら、それが一つの奔流《ほんりゅう》となって深渕に向かって、どうと流れこむのに似ていました。それが第一のことでした。それを表現することは、二義的なことであります。しかし、眺めるところについて各領域の指導者たちに発言することも約しました。

また共同宣言のかわりに、会議の内容を本にすることを申し合わせました。次の集まりについては、今は何も定めません。これはこれで終わりました。新しい旅に出るものは出ていくでしょう。自らを去り、深みからの声に耳をかたむけて新しい旅に出ていけば、必ず出会いがあり、関わり合いが現われます。そしてその出会い、関わり合いが必ず次の集まりについて何かを指示することになるでしょう。この集まりの意味は、おそらく十年、二十年たってわかるでしょう。神の御手による出会いはそのようなものです。今はただ神の声に導かれながら、一人一人次の第一歩を踏み出すのです。

（押田成人）

あほう！

マレー・ロジャース

四週間前の今日、高森草庵での私たちの集まりは終わり、私たちは悲しくも散り始めました。それは、私たち訪問者にとっては、「悲しくも」でした。このような会を可能にするために、信じられない程苦労して働かれたあなたの友人たちからは、しのびやかな安堵のため息がいくつももれたことでしょうけれども。本当に感謝しています。あなたに、佐藤さん、川隅さん、上間さん、小立さん、信太郎さん、日高さん、その他の人たち、同様に村の人たち、この会を実現させて下さった人たちに！　参加者の一人として出席を許されたことは、私の人生における強烈な印象として刻みつけられています！　神からのすばらしき贈り物です！

私としては、あのような集いを十分に言い表わすことばが見つかりません（なにしろ、「あのような集い」がいまだかつてあったでしょうか？）。会合とか集会――これではちょっと勿体振っています。私が、あれをただ「高森での私たちの時」と表現している理由は、それだと思います。集まりのおかれた環境、高森草庵は、私の思うに、私たちの共にした時の、不可欠な部分でした。土と空、早朝の富士山のかすかな輝き、森と田んぼ、泉、そして私にとっては、佐藤さんが親切にも貸して下さった「わが」隠れ家。それから、昼も夜も常に燃えていた火。そして、ブラックエルク、大地と風の分身であり、よく火のかたわらで心開く人に向かって彼の「大地の民」の話をしてくれた人。数日の後、彼の民の「テント小屋」が建ち、静かにその現存を感じさせてくれました。「高森での私たちの時」は、物的にも精神的にも、高森という存在をぬいては理解できないのではないかと思います。

次に思い浮かぶのは、一緒にいることの喜びと特権です。あなたの友人たちの一団の中で、一週間（もう少し長くさえ）すごすことを許され、散歩し、共に坐禅し、共に食べ、時には一緒にお風呂に入り、会話の中でお互いをわかちあうのと同じ位、何もしないで共にいました。これは目と心との本当の出会いとして与えられました。私が、今まで参加した、主に言葉や概念や話によって成る多くの会議よりも、はるかに深いものでした。私は、自在に話しあえないことに、不思議な祝福を見出しました。なぜなら、その時、人々の顔や目や心が「何かすること」に迫られていたからです！　その結果、どんなに多くの顔や目や心を、私は覚えていることでしょう。そしてこれからも覚えているでしょう。彼らは、今や私の一部分になりました。

再三再四、私は、私たちの共にした生活の自然さに打たれるのです。なぜ、「宗教間の対話」が、いかにも困難で複雑な問題ででもあるかのようにさわがれるのか、不思議でなりません。実は、人間的であることと同じように普通のことなのに。禅仏教徒やヒンズー教徒、私が今までに会ったこともない人たち、背景も文化も霊的な道も私とは全然違った人たちと数日をすごすことは、非常に良く、単純で率直なことに思われました。賢くふるまったり、一所懸命になったりする必要などありませんでした！　他の人を、自然に自分自身の「空間」――明らかに「自分自身」ではないのですが――に流れ入るままにしさえすればよいのです。私は、ただ、私たちすべてが存在する一つの環境、または空間のあることを知りました。枠組（あなたのことばを使えば）は、単純にゆれ、倒れ始めました。

ここに、「高森で共なる時」をすごした際に、私にとって印象深かった点、多分今では、より内面化された故にさらに深く心に感じている点を、五つか六つあなたとわかちあってみたいと思います。

一、沈黙の時、毎朝共にしたもの（それが静かであればの話ですが）、あるいは、しばしば私一人で、私の小屋や森やお聖堂《みどう》で、または泉のほとりでもったものは、大きな賜物として心に残っています。私は、もっともちたかったたです。特に、みんなと一緒に。

二、日毎の夕べの聖体の祭儀は、まことに特別なものでした。殊に、あなたが祭儀と秘蹟を司式した時が、最も強く、最も深かったことを認めねばなりません。人の知性やよい考え――たとえ典礼的な考えであっても――が、あまりにも目につく祭儀は、心が痛みます。奇妙なことに、私たち人間は、自分たちが、聖体聖儀を生きいきと意義あるものにしなければならないと思ってしまうのです。あたかも、私たちの助けなしにはそうなりえないかのように！

しかし、日毎にもつそのまことに特別な時に、他の友人たち、禅宗の尼さん、山本忠夫さん、和田さん、原伊市さん、鈴木さん、ブラックエルク、その他の人たちが、体をもって参加していないのが、非常に寂しかったたです。私たちすべてを十分に包みこむほどの普遍的な秘蹟は、ないのでしょうか？　私たちは、主の体と血との秘蹟を、「キリスト者」のためだけに限っておかなければならないのでしょうか？「彼」は、「それ」は、彼ら自身の「道」において全く彼ら自身でありながら参加を望む、すべての人に開かれた普遍的秘蹟ではないのでしょうか？「この分かたれた兄弟」である私が、もはや分かたれた兄弟ではないのなら、私たちキリスト者が、「非キリスト者」として閉め出している他の人たちにも、同じことが言えるのではないでしょうか？（恐らく、この集まりの規模と、集まった人たちのタイプが、この問題に関連しているのでしょう）

三、私たちが共に負うように招かれた、世界の、そしてお互いの痛みと苦しみ。「私たちは、涙を分かちあうために、集まってきたのでした……」「それを聞いた時……私は泣きました」。そうです。私はそれを感じました。しかし尚も、私は聞き、そしてより深く感じたいと思いました。「事実」それ自身は衝撃的であっても、人の心を圧倒するものであっても、自動的に、私に涙を共にさせることは出来ません。砕かれた心、説明なしの、説明し得ない生の悲劇的性質こそが、私の、あまりにもしばしば冷たい心を、ゆり動かすのです。山崎ヨキさんと北谷回孝さんがいらしたことは、私に、より深い共感の心をうけとることへの渇きを起こさせました。私たちが共にした時は、私に、「涙を共にすること」は、人間存在の核心に近いことを、教えてくれました。

四、どれほど、自分自身の鏡があったのでしょう？　鏡はいたるところにありました。

「それ」とか、その「事実」とかが、他の人々——即ち、軍人であれ、政治家であれ、よこしまな権力欲のある指導者たち、あるいは、核の力にとりつかれている指導者たち——についての客観的なものである限り、私は、私たちが裁き、断罪している、と感じました。私たちは、「他の人々」に向かって立ち上がっていました。私たちは「善玉」で、彼らは「悪玉」でした。しかし、一度鏡を見、鏡の中に自分自身を見た時、全体の景色は一変しました。私たちもまた、回心の必要があるのです。私たち自身こそ、あまりにもしばしば、はるかに暴力的な者なのです。多分、ハワイで、ワシントンDCで、モスクワで、暴力に立ちむかうために戦っている時こそ、最もそうなのです。

　鏡がはっきりと輝いたもう一つの点は、咸錫憲の言った「国家主義」について話しあった時でした。私たちの教会や宗教団体には、私たちがほとんど気づいていない、多くの宗教的、キリスト教的「国家主義」があります。ローマ・カトリックの友人たちが、英国教会の私に、あたかも不可触民のように感じさせる時（感謝！　高森では決してこういうことはありませんでした）、疑いもなく、全く無意識にそうしているのです。私はこの「キリスト教国家主義」に悩まされているのではないでしょうか？　そして、ちょうど同じことを、私は他の人にするのでしょうか？　私たちの宗教的、人間的、政治的、経済的、社会的分裂の核心近くにあるのは、この「国家主義」ではないでしょうか？　咸錫憲の言うとおり、「人類の成長は、国家主義の終焉を要求している」のです。私はこの点で、もっともっと検討すべきものがある、と感じています。

もう一つ鏡となった点は、あなたが、牢にいる人を訪ねた時、ある少年の両親が息子に向かって、「二度とやるんじゃないぞ！」と叫んでいるのを聞いて、あなたは「やれ、もう一度やれ！」と叫びたくなったという話をした時のことです。私は、たとえばレーガンやベギンがそうですが、核武装を拡大しようとか、彼らの兄弟である人間存在を拷問するように他の人々を教育しようとかする人々に対する、私たちの反応の多くの中に、私自身を、私たち自身を見ました。私たちは広島や長崎で私たちが行なったことにすっかりむかついた時に、「二度とするな！」と叫ぶのですが、それは、アルコール依存症患者に向かって、彼の痛みや寂しさやどうすることも出来ないという立場に立つことなくして、「二度とやるなよ」と言うのと同じ程度にしか役立たないのです。これは、正に、教会や教会の指導者たちがずっと言ってきたことではないでしょうか？　これほど無用で無益なものもないのではありませんか？

もう一つの鏡が現われたのは、私もそうですが、私たちのうちのある人たちが、「幸いなるかな、貧しき者」——あるいは、弱き者、不足する者、抑圧されている者、軽蔑されている者——という主の言葉は、本当に真実であり、真剣にとり上げられるべきであると、また、世間が見るように、自分たちは、感動的で、強く、影響を与え、成功し、効果的であるということに召されているのではないと、もっともっと深く信じている他の人たちによって、明らかにうち砕かれ、狼狽させられた時です。私たちは、私たち自身に対して、世俗的な見方、私たちが敵対者を倒す時と全く同じ見方をとってきたのです（A・K・サランの論文参照）。しかし、それでは決してうまくいかなかったのですし、これからも決してうまくいかないでしょう。私はＡ・Ｋ・サランとブラックエルクのことばが鏡に満ちているのに気づきました。殊に後者の、非常にたびたび、自然に、キリスト教の軍国主義と科学技術とを一緒にしてもち出した時に。彼の言う通り、「汚染は心の中から始まる」のです。恐らく、気づかずして、この二人、サランとブラックエルクとは、私たちの中に、また私たち人間の現状の中に、バベルの塔を、まさに明白に建ててみせたのです。

最後の一つの鏡！　ナラヤン・デサイが彼の民について、「我々はガンジーを花でうずめてしまった」と言った時、私は、我々は何でもって、仏陀やイエズス・キリストをうずめているのだろう、と考えました。正典でもって？　信心深い自己満足の中に？　安物の神学の中に？　ことばの中、宗教的ことばの中に……？　ニワトリの三本目の足の中にでしょうか？　私たちは、それをすべてやってきました。――そして今日は？

五、私は、生きることそのものに私の目を向けてくれた友人たちとその行動にうたれました。咸錫憲と坐っている時、「一片の存在」とはどういうことなのかを感じました。即ち、人間として徹頭徹尾純正であると感じている人たち、何のプレイも、芝居も、自己変化もなく、内から生きている人たち、とは何を意味するのかを感じさせられました。その人たちが、自分のことをそう認めているかどうかは知りませんが、私は彼らをそう認めているのに気づきました。

外も内も、霊的にも物質的にも、すべてを要求する、生きることそのものの同じ感覚は、スウェットロッジ*の体験の中でも起こりました。確かに、私が今までにすごしたことのない最も特別な一時間半でし

＊ ネイティヴ・アメリカンが、心身や魂を浄めるために行う儀式。

た。充実と充満の中にひきいれられるというこの同じ体験は、あるミサの祭儀の中でも起こりました。——外にとり残されたものは何もない、誰もない。すべて——ウパニシャッド*の「ここに充満、あそこに充満」という、正にそれでした。こういう体験は、私に成長したいという熱意を与えます。私自身のためにも、他人のためにも。この生きることそのものの感覚は、私たち一人一人に、私たちの在るところを、正に内に、正に奥に、共に、お互いのため、そして世界のために責任を担いあっているところを示します。あまりにもしばしば、私たちの擬似宗教的、あるいは霊的教育は、私たちを、外側に、はなればなれに立つべく——キリスト教のことばで言えば、託身を否定するようなあり方に、導いてきました。高森での私たちの冒険は、ちょうど反対の方向へ導きます。即ち、とびこむことへ、私たちは内に在るのだと深く知ることへ、実際私たちは今、責任を担いあっているのだと、そして私たちは、決して決して本当にはなればなれになることはない、ということを深く知ることへ。

このことは、私たちの責任のとり方の形が色々あり得るということではないでしょうか。ある者はダニエル・ベリガン**の足跡に従い、他の者はアビシクタナンダの足跡に従い、ある者は核基地へ侵入し、他の者は禅仏教の尼僧であることです。しかし、すべての者が、そして一人一人が、人類の重荷と苦しみとあがきを、責任をもってわかちあうのです。この共有の責任、「声」に耳を傾けるという共有の責任をも含んでいるのですが、それは、「高森での時」から私にはっきりやって来ました。

障害

私自身の心や精神の至らなさを別にして、私の気づいたいくつかのむずかしかった点を述べさせて頂

* 古代インドの哲学的文献。インド哲学、シヴァ神やヴィシュヌ神の物語が語られている。
** 一九二一—二〇一六年。アメリカ人イエズス会司祭。主にベトナム戦争時に反戦活動・平和活動を行った。

けるでしょうか？

a　あまりに多人数すぎたと思います。十二人か十五人が、この種の集まりには、最適の人数ではないかと思います。伝統的なヒンズー教のアシュラムやイエズスをとりまいていたグループと同じように。

b　メンバーのある人たちは、本当にふさわしかったでしょうか？　ある人たちは、一般的に言って「他の人々」を教育するような、他のタイプの会合や会議や教育的機会を期待していたと思います。教育者や宣教師たちにとって、「他の人々」をよくする為に教育し、変えようという欲求に抵抗するのは、何とむずかしいことでしょう。そういう人の一人が言いました。「私は調和をもたらす為に来ました」。同意してくれる他の人を見出す必要を感じているもう一人はこう言いました。「我々は、マインド・コントロール（精神統御、訳者註）によって人類の状況を変えることが出来ます」。

c　私は、（あなたも知っての通り）集まりを指導していた三人の友人からの、より明確な、より強力なリーダーシップの必要を感じていました。特に、集まった人たちが大勢であり、かなりの人たちが、押田さんの手紙の表現していることとは異なった（と私は感じるのですが）期待をもって集まったのですから。もし、人数がもっと少なく、私たち全員が、霊的交わりと沈黙と生活を共にすることを第一とし、共に話し、共に考えることはただ第二のこととして集まったのであれば、多分リーダーシップの問題はほとんどおきなかったことでしょう。

d　最後の日の咸錫憲の、安易で浅薄な折衷主義に関する指摘は、討議されませんでした――時間がなかったために。私は、これは非常に重要だと考えます。多分この度はおいておかなければならないでしょうが、いつか私たちで、この意味を考えることを希望します。

最後に、短い文章で、この「高森での時」から私に何が残ったのかまとめさせて下さい。――手短かでごめんなさい。

――聴くことの本質的な必要。人類の叫びに耳を傾けること。貧困にうちひしがれた人類の大多数の人たちや抑圧された人たちの叫びに、あらゆる所にいる人々の悲しみや苦しみに、私がどこにいようとも、最も単純に私に最も近い人々に、聴くこと。

――あえて責任を担いあうために、これらの鏡が、私に、明白に私自身をみせてくれるために、バベルの塔は、単に「他の人々」ではなく私であることを見、感じ、知るために、個人的な勇気が必要だということ。「その人はあなたです！」というナタンのダビデに対することばは、私たち一人一人に、そして第一に私に、むけられているのです。

――私たちの活動的生活があまりに多忙な為に、ほとんど時間をとることのないこと、即ち、沈黙の交わりと友情という単純なことこそ、私の残りの人生をとりまき、みたすすべてのことの中で、多分最も大切なことだ、ということ。

――貧しい人、助けを必要とする人、不足し弱っている人だけが、希望のうちに生きる力を与えられているということ。そしてまた、不思議にも、よろこびのうちに生きる力が与えられるということ。彼らのうちにだけ、私たちの弱さを越えた強さと、私たちの愛そうとする弱々しい努力を越えた愛を受け入れる空《くう》と広がりがあるからです。

――私たちが共にした生活の多くのことの上に、「アホウ」というすばらしいことばが虹のようにかかっていました。大バカであるという私たちの真のありように私たちを呼んでいる、すばらしい神のユーモアです！　死ぬ前に、アホウであるように、との呼びかけに応えたいものだと思います。あえて自由であり、あえて生きるために十分に狂気で、十分に大バカであるようにとの呼びかけに応えたいと思います。それは、あの「高森での時」の仲間たち一人ひとりに送るのに、すばらしいあいさつだと思います。――アホウ!! アホウ!! あなた、押田さんは、その道をはるか先へ進んでいます！ 私は、あなたに追いついてやろうとは思いません。しかし、呼び声は、先月共にした私たちの時以来、以前より私の中にもっと明らかに響いています。

我が霊魂、主を崇め奉る……
　平和と喜びをあなたに
　――そして大いなる感謝を
　あなたと高森のすべての友に

註　ブラックエルクが門からの坂を下りてきたとき、そこにいた招待者の一人に、とたんに、大きな声で、あほう！ と挨拶した。これをきいた彼は思わずにっこりした。このことは、会議中人から人へ伝えられた。

あとがきにかえて

インドの友人スワミイ・アビシクタナンダは一生をかけて、ひたすらインドの意味を追求し、その過程の路上で心臓麻痺で倒れ、それが原因で亡くなった人である。この友人に高森草庵庵主、押田成人神父を紹介することになったが、両者は出会いの瞬間から深く結ばれていた。スワミイのこの一事に対する感謝の念は深かった。

草庵は富士山、南アルプスを望見できる八ヶ岳山麓の信州の農村の一隅にある。周囲の田地は村内の山麓からこんこんとして湧き出る水によって豊かにひたされている。草庵の一日の生活はお聖堂《みどう》での早朝の共同の沈黙で始まるが、聖堂は庵主の家と同様に手作りである。宇宙が家であるので雨漏りしないで風が防げれば十分であるということであるが、庵主の部屋の窓からの景色は表情が豊かで、晴れた日はきらきら輝いている。ほのかな兎の糞の匂いも気にならない。聖堂は一間の小屋であるが、そこには底知れない静寂がある。冬にはこれらの素朴さは骨身にこたえ、訪れる人も少なくなる。

草庵の常住のメンバーは数人であるが、都会的背景にもかかわらず、見事に農民に変身している。草庵の米の出来高・質は並ではない。稲・水・大地・空と対話する草庵の人々のやさしさの現われであろう。それだけに近代化の過程を通して日本の土が破壊されている現状に心を痛めている。先史時代からこの地域を豊かに潤してきた湧き水の商業化に反対して、苦しい二年にわたる法廷闘争の中心になったのが、農民としての庵主であった。水の闘争では村内の有力者を敵にすることになり、ある会合では力ずくで外に出されることもあった。出発点では予測できなかったことであるが、運動の過程で村民の過半数以上が祖先伝来の水を守るよそ者である庵主を支持することになった。

この素朴な、一見雑然としている草庵を訪ねる人々は多い。いつ訪ねても新顔に出会うが、その背景は多様である。しかしこのような草庵にとっても九月末の一週間にわたる会合は異例であろう。地域的に韓国、南アジア、アフリカ、中近東、ヨーロッパ、アメリカ、日本、宗教的にヒンズー教、イスラム教、仏教、キリスト教、アメリカン・インディアン、年齢的にも八十代を筆頭に六十代から四十代にわたっている。

参加者に共通していることは今日の状況の痛みにうたれ、多年その中にあって発言、行動してきたことである。その中には、A・K・サラン、N・デサイ、咸錫憲、M・ロジャースがいる。

無底の原点に回帰し、同時に世界に開かれることを願いとした草庵の道程はけわしい。庵主の体は酷使され、つぎはぎだらけでぼろぼろである。休養を必要としている。草庵の常住のメンバーも同様である。しかし開かれた共同体としての高森草庵は、このことを許さない。

草庵からの帰途、息苦しくなるほど胸が痛くなる。

葛西　實

ただ深みに向けて漕ぎゆく

九月会議の終結の集まりのとき、咸錫憲《ハムソクホン》さんが、最後のことばとして謝罪のことばを述べられました。「決して差別をしてはいけない場所で、決して差別をしてはいけない時に、この宗教はいい、とか、これは未だだ、とか差別をしていました。自分で知らぬうちに。本当に申し訳ありませんでした。どうか赦して下さい」

そして私は自分の前でそれを聞きながら、一人のカトリック隠生〔観想〕修道尼が、ぽろぽろと涙を流しているのを見ていました。山の岩を打ち挫く最後の鑿《のみ》の一打ちによって開いた穴から、地下流が滾々《こんこん》と溢れ出るのを見ている思いがしました。ああ、この集いは私共がやっていることではない。神の摂理の御手《みて》の中で起こっているのだ、と実感していました。

韓国の朴政権のとき、金芝河《キムジハ》が共産主義者扱いされ、その命も危うくなるかと心配したとき、予定外の行動として韓国に立ち寄り、先ず訪ねたのが軟禁中の咸錫憲の家でした。それから、人権平和運動の一人の指導者の所へ行って、書簡を一通手渡しました。

日本に帰って、いろいろ思いめぐらしながら、大した力にはなれないのだと思って居りました。するとある日、金芝河のお父様からお便りが届きました。

「こちらでは、我々は互いに連絡もとれず、孤独を噛みしめて居ります。しかし、私共は、あなた方のような共同体があることを知って励まされ、いつもあなた方と一つになることによって一つになっているのです」

ああ、いつも九月会議の集いなのだ、と私はそう思いました。咸錫憲先生は既に他界されましたが、九月会議は続いています。

一九九四年の一月には、バングラデッシュのヴィシュダナンダジが逝去されました。それから一年間、世界中の人々の訪問を受け、最後に隣の村々のために、象が遺体運びを行い、村人一人一人の挨拶を受けられました。各地方から参集する人々が多すぎるから踏み倒されるとのことで、私ははじめは遠くの方で与《あずか》り、火葬のとき木造りの小さな城に弓で火を放つのを見ていました。小城の中の棺桶の中の骨は、僧侶たちが拾います。その夜は、ヴィシュダナンダジの親族の家に泊めていただき、翌日、村を離れました。お弟子さんの若い僧侶三人が村の道で待っておりました。彼らは合掌しながら、私を見て泣いておりました。その涙のことばは私にも読めました。

「ここに留まって下さい！」

刊行された『九月会議』をながめる
咸錫憲（左）と森田宗一氏（右）

一九九四年の十一月は、ガンジーの生誕百二十年祭でした。ナラヤン・デサイさんとその他の代表の署名で、是非にもとの招待状を受けました。丁度その時、インドの北方のグジャラット州で疫病が発生し、しかも異例のことに空気伝染する特例とのことでした。すべての医者が私にドクターストップをかけました。それで私は鄭重《ていちょう》な断り状を書きました。すると会議の事務局長から、「私共は、あなたの現存を必要とします」という返事が届き、私は折り返し国際電話をしたのです。すると事務局長は言いました。「危険なことはありません。冒険もありません。来て下さい！　是非とも」。高森の泉の裁判その他で疲れていた私はインドに発ちました。ボンベイに着いたら、飛行機は欠航していました。夜行バスで行くしかなく、バスの切符売り場に案内してくれた人に、切符と同額のお礼をして乗ったバスは、穴ぼこ道を暴走。疲れ果てて目的地に着いたとき、事務局長はマラリアで倒れていました。案内された最も良い部屋には、もとより石鹼もタオルもなかったのですが、蚊帳もありませんでした。有り難いことに翌日到着したのが葛西實先生で、土産は蚊取り線香でした。ガンジー大学では、講話を聞いている間も、生徒たちは糸つむぎなどの手仕事をします。ナラヤン・デサイが九月会議中そうしていたように。

ガンジーの命の流れは、社会的に形式化したり、少し姿が変わったりしていますが、依然としてインド社会の大きな地下流であることは確かです。ガンジー亡き後の二人の大きな指導者も今は居ませんが、集団指導制とか集団所有制とかいう形が見られます。私はかつてベノバジの共同体を訪ねましたが、高森に居るようでした。

ガンジー大学を去る前日頃、数人の若いお弟子さんに囲まれて話したとき、「霊的指導者がいません。留まることは出来ないのですか」と言われました。同じ方向を見ているのです。

明治の初期、西欧による植民地化が目の前まで迫ってきた頃、東洋文化の中に立ち続けるのか、それとも新しい西洋文明を採用するのか、ということについて大議論の末、後者を選びました。それはそのまま軍国主義化に結びついて行ったのでしょう。西欧文明の象徴は、医術であり銃であり国家というものの強力な主体性だったのでしょうか？

しかし、人間の歴史というものは、西欧歴史観をはるかに超えるものです。ライン河源流の村の博物館で縄文式土器を見つけたとき、村人を呼んで「この器をどう感じますか？」と聞いたら、「私共とは関係ありません。もっと野蛮な時代のものです」という答えが返ってきました。地中海の東端の岸辺、ビブロスという古都の考古館で、紀元前一万二千年位の縄文式土器を見て、材料、技術、そして存在感が同じなのを見たあと、その土地の少数民族の子孫の修道女に会ったとき、お互いに指さして「私たちは同じだ」と言ったこともありました。私共の故郷は、朝廷の祖先が、朝鮮の方からやって来た頃より、もっとずっと古いのです。その古い時代の故郷の中心は、智慧深い人でした。

二十世紀後半、人間は自然を破壊し続けました。このまま続けばどうなるのですか。特急列車が崖から落ちると私は三十年前から叫んでいます。

一九九四年十二月は、アウシュヴィッツでの諸宗教断食祈禱、翌年一月の前述の葬式のあと、二月から、中近東の戦い合っている国の両側に巡礼、さらに爆撃そして食糧不足の殺戮を受けている国、すなわち回教、ユダヤ教、キリスト教にとっての聖地の国を訪ねたときは、ある家族から招待を受け、貯めてあった食糧全部を使っての精進料理を頂きました。そのあと、その主婦からのことばは、「今夜はよく来て下さって有り難うございました」のひと言の繰り返しでした。九月会議の頂点でした。頂点は日本軍の虐殺地南京でも訪れました。日本での巡礼を終えて力尽き、一九九七年一月には入院、三月には突然死の告知も受けました。この度は残念ながら十六年前の九月会議に出席した人々の六分の一の方にも言及出来ませんでしたが、私共の方向はただ一つ。故郷の方向へ。

そして目標はただ深みに向けて漕ぎゆくこと。またすでに深みに根ざす人を招いて共に祈ること。マレー・ロジャースの言う通りです。私も九月会議とは何であったのかを、日々味わいを深めていますが、それは本来、その味わいを深めゆくべきものであるようです。

一九九七年十二月、　病床にて

《エッセイ》　ウォレス・ブラックエルクさんが伝えようとしたこと

河本　和朗

私は九月会議に、北アメリカ先住民のラコタ民族のメディスンマン（精霊の世界に通じる能力と役割を担う方）、ウォレス・ブラックエルクさんの通訳として参加させていただきました。ウォレスさんが招かれたのは、先住民と農民がいなければ世界平和会議は成り立たないという押田神父の強い思いからです。

私は一九七六年からアメリカにいて、七七年からはアメリカンインディアン運動（ＡＩＭ）と縁がありました。押田神父の友人の森田宗一《そういち》さんの娘で、牧師さんと結婚してアメリカにいた森田ゆりさんを通じて、世界平和を祈る宗教者会議に招く人の推薦を依頼されました。私はコロラドにいてウォレス・ブラックエルクさんの儀式を手伝いながら学んでいました。ウォレスさんはメディスンマンとしてＡＩＭをサポートするだけでなく、近くの核兵器工場を止める運動にも参加し、儀式のときにも「核兵器は、命の火を、命に敵対して用いるものであり、自らを滅ぼすものだ」と常に言っていました。私は迷わずにウォレスさんを推薦しました。ウォレスさんが示した唯一の条件は、自分たちの伝統である神聖なパイプとスウェットロッジの儀式をもって、すなわちその宗教に生きる者として九月会議に参加するということでした。

〝神聖なパイプ〟はタバコを詰める石の部分と木の煙道の部分からできています。大地と女性を表す石の部分と天と男性を表す木の部分とが結合することで、命を表します。命のパイプを通じて煙を送り、祈りを届けます。ラコタ民族の伝承では、ホワイトバッファローウーマン（白い雌の野牛）が、ラコタにパイプを与えたとされます。パイプを保持する役目を負った者は、民人のために祈らなければなりません。

〝スウェットロッジ〟はラコタの基本的な儀式のひとつです。木の簡単な骨組みをテント地や毛布で覆って、這って入れるくらいのドームを作り、ファイアプレイスで真っ赤に熱した石を運び入れて水を注ぎ、真っ暗で熱い中で祈ります。本来の名は「イニピ（浄め）」ですが、日本語では「禊《みそ》ぎ」が近い翻訳と思います。ファイアプレイスとスウェットロッジを結ぶファイアロードは、精霊（神々）の通り道なので横切ってはなりません。スウェットロッジは大地の子宮とされます。万物は祖母である大地から生まれました。スウェットロッジに入ることは、私たちが産まれた根源の子宮に戻ることを意味します。

北アメリカ先住民の世界観では、生物と無生物を問わず、すべての存在は生きている人々であり、それぞれの国を作っています。皆、共通の祖母である大地から産まれた親族ですが、二本足の人々（人類）は最後に産まれた者であり、この地球で生きる知恵を先輩である四本足の人々、翼を持つ人々、地を這う人々、水の中を泳ぐ人々、緑の人々（植物たち）などから学ばねばなりません。なかでも石の人々は最長老であると理解されています。スウェットロッジでは、その石の人々をお迎えして祈ります。熱い石によって命の火が来られます。石は地球そのものであり、石の人々を通じて、祈りが地球の隅々まで伝わります。スウェットロッジでは、大地の祖母が与えてくださる最初のメディスン（薬）である清浄な水を全参加者が一口ずついただきます。緑の人々は犠牲になって命の火を与えてくださるとともに、煙となって祈りを天と四方に伝えてくださいます。ウォレスさんによれば、すべての存在は火と、石と、水と、緑の人々でできているので、そこに戻れば皆がコミュニケーションできるといいます。

スウェットロッジには私たちが生まれたときに与えられたものしか持ち込めません（体を覆う布は身に着けます）。武器や財産はもちろん、地上で染み込んだ悪しき思いや悪しき考えも持ち込めません。自分の祈りがどんな思いから発しているのか、自ら問わざるをえません。しかし、大地は自分の子供たちを責めたりはしません。大地の子宮は私たちの故郷であり、最も安心できる場所です。祈りの中で身も心も浄められ、私たちは再びこの世界に生まれ直します。

北アメリカ先住民は、西北東南の四つの方位に、それぞれ神聖な祖父が居られると信じています（ラコタは西から始めますが、東から始める部族もあります）。四方に神々が居られるという世界観は、日本を含め世界中の文化の底流に普遍的なものと思います。四方も地平線のように空間の輪の一部です。季節の巡りも時間の輪の一部です。世界はそのような神聖な輪でできていると理解されています。九月会議でウォレスさんは、世界は円環なので初めも終わりもないと強調していました。

スウェットロッジは、四方の祖父たち、天の大いなる霊、大地の祖母への呼びかけから始まります。続けて大いなる霊と祖父たち、すべての人々のための祈りの後、それぞれの祈りが行われます。そこでもまず他者のために祈ることが求められます。スウェットロッジに限らず、北アメリカ先住民の儀式では、一人一人の祈りでも、皆と一緒の祈りでも、最後は必ず「私が繋がるすべての人々のために」という言葉でしめくくられます。それは私の祈りから漏れる存在はないということを意味します。

ラコタ民族は西＝黒、北＝赤、東＝黄、南＝白を方位の色として伝えてきました。これがアメリカに四種の肌色が集う予言とされます。ウォレスさんによれば、二本足の人々が創られたとき、大いなる霊はその肌色を四色、黒色・赤色（北アメリカ先住民）・黄色・白色に塗り分け、それぞれに役割を与えたといいます。神聖な輪は、多様な存在がそれぞれの役割を果たすことで成就します。四種の肌色の参加者が揃った、アメリカのあるスウェットロッジにおける祈りは、特に強いとされました。また、ある白人のコミュニティーで、自分たちには神聖なパイプがないがパイプなしでどのように祈るのかと問われた

九月会議の時に
（左より筆者、ブラックエルク、押田神父）

時、ウォレスさんは、天と大地に祈ることはパイプの祈りと同じであると言われました。天と大地の間に四種の肌色の輪が造られるということが、北アメリカ先住民が示す平和のヴィジョンです。そして、それは必ず実現すると信じられています。なぜなら、それが四種の肌色が創られた理由だからです。

押田神父を始め、多様な宗教の人たちが参加した九月会議では、大地の底からのスウェットロッジの祈りと、神聖なパイプの祈りが行われました。ウォレスさんは高森草庵にスウェットロッジを残したかったのですが、それは実現しませんでした。しかし私は日本に大地への強い祈りが必要と強く思っていたので、ウォレスさんに日本でスウェットロッジを行う許可をいただいた上で場所を探し、今日まで大鹿村で続けています。一方、自然科学として地球の営みを知りたいと思っているなかで良い先生に巡り合い、地球の仕組みと日本列島の特徴と歴史（地史）を学び、村内の地学系博物館の学芸員としてその理解を広める仕事もしてきました。

一九六〇年代に、私は戦争と自然破壊に強い危機感を感じるようになりました。人類の歴史は、自然のなかで少しずつ自分たちの領域を広げてきましたが、産業革命以降、技術力が増して地球そのものを大きく改変してしまうようになりました。さらに、生物が未経験の人工放射能まで大量に作り出すようになりました。その一部は、消えるまでに数十万年以上という、現生人類が登場してからよりも長い時間がかかります。また兵器の殺傷能力は飛躍的に拡大し、暴力と戦争はなくなりません。ここで方向転換しなければ生き残れないという世界史上の瀬戸際に来ていると思います。

いろいろ現状を変えようと試みるなかで、私は、目に見える社会の姿は人々の心の現れであると思うようになり、その過程で出会った仏教が自分の宗教的なベースとなりました。しかし地球の限界に直面する時代の中で、地球への接し方や関わり方のメッセージが仏教だけでは十分ではないように思いました。そうした中で北アメリカ先住民の祈りに出会い、今やそれらを自分の一部であるように感じています。それとともに、仏教や神道の中に内在する大地への祈りが見えやすくなりました。

私にとっては、北アメリカ先住民の祈りをし、仏教に触れ、自然科学として地球を学ぶことには矛盾がありません。どれもが一つの輪の一部を担い、一つの中心に至る道筋と思います。むしろ複数の道に触れることで共通の中心に至る方向を確認できるのかもしれません。どの民族、どの文化、どの宗教にも必ず平和への教えがあり、必ず大地への祈りや地球の営みに沿った生き方への教えがあるはずです。それはすべての人々が大地から生まれ、共に生きるための役割を与えられて生まれてきたはずだからです。それぞれが持っている大地と平和への祈りを最も大切な誇りとするときに、天と地の間の多様な人々の輪が実現するでしょう。先住民のシンプルな祈りは、それを思い起こさせてくれます。高森草庵での早朝の囲炉裏の火を見つめる小さなミサにも、スウェットロッジの中と同じ神秘を感じました。

福島原発のあれだけの事故を招いた日本には、ますます大地への強い祈りが必要と思います。世界中に溢れる難民は、まず世界中の人々の生存を祈ることを教えてくれています。皆さまと、再び、大地と平和への祈りの場で出会えますように。

合掌

（かわもと・かずろう／大鹿村中央構造線博物館学芸員）

六　現代文明と受難

《いざない》

この章では、聖なるもの（霊的な世界）と、おぞましきもの（悪、不正義、戦争等）の対決とその必然の帰結ともいえる受難がテーマとなっています。現代文明（パパラギ文明）の中で、聖なるものの促しに従って生きようとする者が経験せざるをえない受難です。そして、受難の中で、常に根源に立ち帰るための〝行〟の大切さとその〝こつ〟が述べられています。また、高森草庵にある慰霊林の〝しるし〟としての根源的な意味が語られます。自国の戦没者の慰霊のみならず、日本軍や日本の植民地支配の犠牲となった人々の慰霊碑がたてられており、すべての戦争犠牲者を記憶にとどめる場所となっています。この慰霊林の意味は、決してちいさくなることはないでしょう。

（石井智恵美）

霊的なもの、かけがえのないもの

日常にある「ことほぎ」の世界

霊というものには二種類あって、一つにはいわゆる日本的な悪霊とか狐つきとかいうときに使う霊の世界ということですが、私が霊という場合は、宗教的なものが本当のものになったときにあらわれてくる世界のことなんです。この世界は、何か不思議な自由があるとか不思議な現象があるとかいうのではなくて、最も常識的な、最も日常的な中にあらわれる仏なり神なりの「ことほぎ」の世界なんです。本当の宗教的世界というのは常識と調和する世界です。異常の世界ではないんです。人間の本来の姿というものが、そのまま自ずから現われるような世界ですね。

人間が透明になり、単純になり、謙遜になっていったときに、つまり深みに向かって開かれていったときに、この自ずからの感覚というものは、もっと円熟して現われるんですね。

たとえば、ワレモコウの花を見るでしょう。このワレモコウを私が見ているんだ、このワレモコウはこうなんだな、と。あくまでも自分の外のものとしてのワレモコウを見る。これは、科学の世界であり、ヨーロッパ的日常の世界なんですね、悪い意味の。ところが、深みに開かれた単純な人間の場合、ワレモコウと自分というものを区別することのおろかさを感じ始めるんですね。実際にそうなんです。本来の自然のあり方でいえば、私がワレモコウを「ああ、いいワレモコウの姿だな」と見ているときは、ワレモコウと私の間のどこでも切れないわけです。まん中でも、ワレモコウのそばでも、自分のそばでも切れない。ところが科学者はどこが境目かなんて議論する。これはすでに大前提として意識の世界で、それぞれ違った世界にあるという、こういう立場から出発していますが、実際は存在の次元では私とワレモコウは含み合っていて区別することはできないんです。ワレモコウの中に我あり、我の中にワレモコウありっていうんです。なんていうか、共感性……ワレモコウに「ことほぎ」を受けている。それはもう、感応同交の世界ですね。

この自然の中でも、単純な人というのはワレモコウと自分の間の感応同交を生きる状態にあると思うんですが、その世界にもっとはっきり仏様の響き、神様の響きが現われるんですね。

ときどきフイと出てくるようなものとか、ときどきフイと受けとるようなものであれば、霊的世界との交わりというものはどこにもないわけです。本来そういう世界は、存在のあり方としてそこにある世界ですから。

たとえばピンポンみたいないそがしい運動をやっていても、いつも深い静かな洞穴にいるような感じをもっている。銀座を歩いていても、深い沈黙の中でそれとなく歩いているというような世界ですね。だから単純に代用品を自動販売機で買うようなわけにはいかないんで、自我のしこりをとりたいとか、そういう世界にあずかりたいとかいう発心がなければならないわけです。持続性がね。

自然の存在のあり方の中では、いろんなしこりがあります。オレがオレがという意識のかたまりとか、心理的なコンプレックスがあるとか、神経的に疎外するものがあるとか、そういうものがあると自ずからに「ことほぐ」世界の姿がにごるとか、ぼやけるっていう状態が現われますね。そういう意味で、ぼやけを与えるものは除くようにという心がけが出てくるんです。

窓から外を見てて、こうガラス窓を開ける、ちょっとしたことで窓が開くっていうこともあるんですね。

本当にそういうときは、自我にしがみついているなんていうことがもうホントにばからしくなるような、ある必然性なり苦しみなりがバカッと落ちるときね、自ずから「ことほぎ」の世界が現われてきますね。

原爆反対と霊的世界

原爆が破裂しちゃ困るっていうのは、きれいな花だ、有難いな、という気持を大切にするということとまったく同じことじゃないですかね。人間のいのちの本当の尊さを味わった場合は、その尊いいのちを大事にしようと……イコール原爆反対ということでしょうね。ひとつのことですよね。

ただ原爆反対ということが、いろんな形で自我に結びつくことも可能なんですね。オレたちの平和運動だ、とかね。それが自分たちの自我の表現になっているってことにたいていの場合気がつかないんですね。そこに気づかせるものが、要するに霊的世界からのはたらきなんであってね。だから、自我の表現であることを強調して平和運動をするんだったら、それもわかるわけですが……しかし霊的というのが、物質的なこととか日常のことに関係がないというのですと、平和運動は抽象でしかないわけですね。霊的世界に含まれているんですよ。

私がなぜ原爆反対かというと、原爆は「うそ」だから。歴然と真理の仮面をかぶった「うそ」、私の言葉でいわせれば悪霊のしわざだから。しかもそれが科学の真理の名前なんか着るとはもってのほかだ、と。だから当然許せないわけですよ。関係ないどころか許せないわけです。それを許したり無関心であれば、私の存在がなくなるわけだから。人ごとじゃありませんね。

そりゃ死ぬから困るんだというんでは、それじゃあ死んでもいいんだ、という言葉も出てくるわけです。かけがえのないものだからこそ許せない、かけがえのない大切なものを否定することが許されないという立場があって、はじめて原爆反対の意味が深みの世界とつながってくるんです。

　現在では個々の問題でというより、いわゆるコンピューター的社会になってきてあまりにも人間が疎外され、だからこそそれに対するかけがえのなさというものもなくなってきて原爆も平気になってくる。単に一つの悲劇というよりも関連してますね。今の文明社会の悲劇というものは、人間疎外の関連した一つの悲劇ですね。教育にしても、食べものからして、着るものから、社会福祉までね、全部そうですね。そういうものを否定しない限り原爆を否定してもしょうがないと思うんです。同じ次元なんですね。

聖なるものと経済との交叉

　若い人たちが、生きがいがない、どう生きていったらいいのか、ということなんですが……。結局経済全体が代用品みたいなものを大量生産してる、うそをついているということに対して、かけがえのないもの、そういう生活をしたいな、というあこがれみたいなものが出てこなければ原動力にはなりませんね。そういうものが出てくると、私は若い人に言うんですよ。まず土から始めなさいと。なぜならば、土から出たものを食べてりゃ生きていけるんだから。そこからまず始めなさいということを申し上げているんですけどね。こういうような動きは日本だけじゃないと思いますね。

　経済というものの原理は分かち合いなんだと。そういう新しい立脚点に立った経済の動きが出てこなければ、政治も改革できないし、そういう勇気を与えるというか、これしかないんだという分かち合いのビジョンを与えるのが宗教の役割だと私は思います。

　宗教と経済の交叉する所という意味では、実際に私、二十年ここでその体験の連続なんです。一銭も教会からも修道会からもお金もらわずに、個人的に、つながりを示す意味で少しばかりいただいてるけど、あと全部自分たちでやってきた。その時その時の、ただ自ずからに与えられたもので生きてきたわけですよね。この原理、分かち合いなんですよ。あなたはそれを持っている、僕はこれを持ってる、じゃあこれあげるよ、って。それじゃあ、いただかせてもらおう、と。これだけなんですよ。それで飢え死になんかしやしませんよ。人間の心が死んじゃえば飢え死にしますが、人間が生きている限り、本当に私が誰かに一所懸命やってあげたら、私は何かを受けますよ。そして、この分かち合いの経済によってのみ、本当にかけがえのないものに経済が奉仕するという道が拓かれるんですね。

緊急の場合には、代用品が必要なこともあるかもしれません。しかしあくまでもそれは代用品であって、仮に許してくれ、という形のもの。こういう感覚をいつも養っているということは、やはり深みとつながっていないとできない。そうじゃないと、うそついてコマーシャルやるわけですよね。今はコマーシャルで成立している世界ですから。

それから、専門バカっていう言葉がありますね。これも、すべてが専門化しちゃうと、専門についてもバカになっちゃう。全体が見えないから。専門以外がバカじゃなくて専門がバカなんです。専門家っていう言葉はとても恥ずかしい言葉ですよ。ところが恥ずかしいと思わない。りっぱなタイトルになるんですよ。こういう世界のあり方っていうのは、要するにコンピューター社会なんです。専門化すると全体が見えない、ということは、やはり聖の世界から離れていく。専門バカっていうのは、聖から離れた現象なんですね。人間本来の姿が離れた現象。だからたとえば、学者であってもお百姓する時間があった方がいい。しなくちゃいけない。あるいはお百姓でも、ものを読み書きする時間がなくちゃいけない。そういう世界に移行しなくてはいけないわけです。そういう時代でなければ、新しい時代にはならないですね。

現代文明を救うもの

善と悪という我々の道徳の世界で考えるんじゃなくて、本当に宗教的なものが日常的なものの中に入ったとき、全部ことほぎとか、いまわしいものとかの感覚になってくるんです。善悪っていうのは人間中心なんです。そうじゃない、ことほぎか、おぞましいものか、なんですね。

掃除するときもそうです。あれはただ、きたないから掃除するんじゃないんです。浄めなんですね。着るものもそうです。私は東京で着るものを見ておぞましい感じがします。心を着てる人はどこにもいない。ものとものとの含み合う存在感覚。感応同交、この感覚の中で人間が人間らしくなるわけです。ワレモコウが私、私がワレモコウ、という中ではじめて人間らしくなるんです。ところがそういうものを全部切る、という文明の中に生きているんですねえ、人間は。

建物もそうです。コンクリートは絶対にこの含み合いの感覚を与えないんです。拒否の感覚ですね。無関係の感覚です。鉄筋コンクリートの教会なんか建てて、そこで祈りができるはずない。人間はそのようにできてないんだから。霊的なものがないとわからなくなって鉄筋コンクリートの教会建てるわけ。だから霊的なものがどういうふうに出てくるかというと、全部が本来の姿になって、新しく、なにかかけがえのない価値につながっていくという道をひらくわけです。

日常に聖なるものが現われる響きっていうのは、そのときそのときで千差万別。これは人間の立場からは予測できないですね。

聖なるものがへんなやさしさとだけむすびついていたら、そんな聖なるものはいらない。同情とか慈悲とか慈善とか、そんなものだけに結びついている聖なるもの、そんなものはいらない。叱りつけて、そんなことしちゃったら滅びるぞっていう、怒りとか厳しさがいっしょでないやさしさなんて、聖なるものから出たんじゃないですね。

怒りのやさしさがわからないものは、聖なるものとは関係がないですな。われわれが想像する聖なるものの響きっていうのは、やさしさ、愛とかいうそんな簡単なものじゃない。そのときそのときで千差万別ですよね。

そのへんのことはね、人間の欲と結びついた形では聖なるものはあらわれようがないですね。日常のわれわれの方からは予測できない形で聖なるものの声が響いてくる。静かに響く場合もあるし、突如として雷のように落ちる場合もあるんですよ。だけどそれがなくなれば、人類を乗せた現代文明という汽車は断崖絶壁から落ちるより他ないですよ。

この世界は、コンピューターとか原爆に行きついちゃったけど、ここでもう一回原点に帰らざるをえないようになってきている。これからは聖なるものの介入なしに世界は動かせない。

政治家や経済学者たちだけで話し合っても何もはじまらない。人類の未来に対して何も出てきやしません。今のこの社会をどうアレンジするかというだけでは、歴史は乗り越えられないのです。そういうものは聖なるものからしか来ないいんですよ。

祈りの姿に無の風が吹く

深みからきた息吹に誘われて生きる

――よく宗教で「空」とか「無」と言われますが、実際には、現実の生活になかなか実現されません。それは本来、実現されるものでしょう。それが教育や生活に実現されれば、どんなふうに現われてくるのか、ということでお話しいただきたいのです。

無の捉え方というのは、人それぞれだと思うけれども、しかし現実には、般若の光にあずかっていないと、少なくとも無ということを本当の意味では捉えられない。でなければ、それは無について語るということであって、無を本人の言葉で語るということにはならないでしょうね。

いわゆる無という表現で表わしているときには、われわれの感情的意志的理性的価値観というものを越えたところを指しているんです。より深いところから、彼岸から来た光で眺め、彼岸から来た息吹に誘われるものは、無になる。いわゆる既製の人間的価値とか、理性的価値とかはなくなるわけです。そういう深いところから見ると、理性やわれわれの価値観はむなしいものであってね。そのときそのときの全く新しい価値観が自ずからに生まれます。

無の実現された実際の生活がどういう形で現われるかというと、たとえば、非常に名誉心が誘われるようなとき、あるいは名誉心を誘うような計画が自分の中とか周囲の中から生まれたときに、それについて全然誘惑を感じない。そういう人がいたら、その人は無を生きているんです。

人間はみんなある夢を持っている。たとえどんなりっぱな人でも夢を持っている。宗教家であっても夢を持っている。その持っている夢を実現する手段として、いろんな可能性があるわけだけれども、その代表がお金ですね。お金による可能性が示されたときに、その可能性ゆえにふらふらっと動く。こういうことが全然なければ、無を生きてるんだね。

名誉やお金によって動かずに、深みからきた息吹に誘われてだけ、生きる。深みからの光だけを味わう。こういうことをやっていれば無を生きている人、と言えるでしょうね。

本当のいのちを生きたいという人々の中で、無を生きる人がいる場合は、そういう人によって具体的な方向性の指示とか道づけが、いろんな形で現われるだろうと思うんですが、「この世」的な志向性を持って生きているこの世の中では、まさに周囲と敵対する者として現われるでしょうね。

権威ということについて言えば、たとえば神の権威と地上の権威とは、これはやっぱり違うんであって、どっちかを絶対的にしようと思ったら、ぶつかるんですね。たとえば、国家が国家主義に基づいて、国家的考え方を絶対化して、戦争をやろうとしているときに、いやそれはむなしいよ、そんなもんじゃないよ、と言えば、やはりこれは国家の権威をもって投獄されたり処刑されたりするでしょうね。

だから、無を生きている姿が現われるとすれば、対立とか戦いとか、そういう姿も出るのが当然だと思いますね。それは戦うために戦うんじゃない。人間の持っている業《ごう》というものが自分達の価値観や夢で動く人間と、それはむなしいことだと指摘する者との間に起こる必然的な運命的な出来事だと思うんですけれどもね。

「この世」的なうそに気がついて、なんとかしなきゃならないと世の中がもがいているときには、無を生きている人との間に対話が出てきて、そこに歴史の新しい知恵が出てくるのです。

そういう意味で、草の根の人達と無を生きる人との対話っていうのが、共産主義国、自由主義国を問わず、一番重要なことではないでしょうか。そういう対話がお互いに響き合うときに、今のような世の中でも、生きる意味っていうのは、感じるんではないでしょうかね。

存在の神秘に対して畏敬を持ちながら関わる

教育でも、コンピューター教育ということが言われていますけれども、人間性とか人間の関わりの姿にマイナスの点が出るんじゃないか、ということをよく観察し、よく考えてからでないと結論を出さないよ、というような考え方が、日本ではまだ一般的にありますね。それは存在感覚に結びついているから、無を生きる人との対話に道が開いているわけですね。それはひとつの明るい面ではありますね。

いまの医学でも、無を生きる立場からすると、非常に傲《おご》りが見えるわけですが、逆に、存在の神秘性というものに本当に感動しながら、ひれ伏しながら対話をしてゆくという態度が、もし医学の主流になれば、これはすばらしいことです。

物理学でもそうだと思います。いわゆる人間の知性の業の立場からだと、すべての存在は主体か客体かに分かれていて、すべての存在は並立していて、すべての存在はいまあるすべての類型の中で捉えられるという見方をするわけだ。これはまったく人間の業の見方であって、無の立場からすればそうではない。すべての存在はかけがえのないまま響き合っていて、含み合っていて、そして論理なんていう立場でとうてい捉えきれない存在の神秘を全体で生きていると。しかも、ひとつひとつがかけがえのない歴史を負った姿で、その歴史の中での対話なんだ。宇宙の何百億年という、その重みがいま、その存在との対話の中にあるんだと。

だから、たとえばひとつの原子なら原子というものの、あるいは分子というものから、なにかを取り出して、そこから抽象して、何か自分の目の前に見せようとか、他に組織しようとかいうことは、無の立場からはこれは考えられないことなんです。この宇宙の存在、関係というものは、そんなことができるはずはないんです。それを人間の業の立場から無理に行なったひとつの結果が、原子爆弾ですよね。それはおぞましいものであって、真理でもなんでもない。

本当の存在に対して、その神秘に畏敬を持ちながら、しかも関わるというまごころ、まことの態度に呼応して、そのとき自然のあからさまな姿が現われるはずであって、自分で何でもわかるんだというような業と高ぶりの前に、自然があからさまな真実など現わすはずはないんです。その業の姿、心にふさわしい姿しか出てこないんです。やはり、人間は自分の存在があるようにしか、見えない。

だから原子爆弾を作ったということは、そういう心を持っていたってことなんです。その動機がすごくおぞましかったということです。それは現実の事実ですよね。

無に生きる者の立場からすれば、そういうことをはっきりと見せて言うことですね。そういう意味では、本当に無を生きる人達が出ることは、現代にとっては、最も緊急なことであり、無に生きる人が少ないことは、最も嘆かわしいことだと思いますね。ただ私は、民衆の中には無を生きる者の声を聞きたいという耳がますます現実に深まっているということを感じます。

同時にね、核兵器や原子爆弾にしても、おぞましいものが政治的にあるいは経済意志的に、計画的、政策的に、非常にはっきりと出てきているんじゃないかと思います。そうすると、人類全体が、やっぱり、無に開かれた世界に矯正されざるを得ない。彼らが人類を、一般の人達を、そういう方に矯正していくだろうと。これからは無を生きる人との対話ということが起こらざるを得ないだろうと思います。

お経にしても、般若心経の注釈をしている有名な教授たちが書いた本が最近いろんなところから出ていますが、あれは無を生きる言葉ではなくて、無について頭で考えた言葉だ。あんなものいくら読んだって、ちっとも般若心経にはなりません。

そういう無を生きる世界についいての解説があまりにも多すぎて、人々は、変な錯覚をするようになっちゃうんじゃないですか。全然違う世界なんですけどね。それを学問という名において、無について語る世界に権威を持たせるんですね。それについて報酬を与えるんであって、本当に無を生きる人たちへの報酬というのはないんですね。

農業についても、流行に惑わされずに、ひとつひとつのかけがえのない存在の、かけがえのない声との対話を続けてゆく。そういうところにも、学者にないような発見があるでしょうね。それは本当の意味での知性だし、もし無を生きている人であれば、そういう意味での学問になってくれば、なんというか、楽天的な気持を学問に持てるわけですよね。

田植えが終わった高森草庵の田んぼにて

本当に願うときに窓は開く

——赤ん坊の無の状態からもう一度自覚を経て、無に到達することの過程が、とても大切なような気もしますが。どういう時に無という世界に出会うことができるのでしょうか。

無を生きるということは、いわばもう一回赤ん坊になることだけれども、その時、無というのは与えられるのであって努力で得るわけじゃない。赤ん坊が与えられて存在するように、新しい存在のあり方は与えられるわけ。それは願うものに与えられる。本当に欲するときにね。窓が開いたときに与えられる。それが仏教であり宗教なわけですよね。キリスト教の祈りでもそういうことなんです。

――窓を開けるには安らぎのようなものがいる。安らぎは窓が開くと与えられる。どちらが先と言えるんでしょう。

これは、仏教の言葉でいう「啐啄同時《そったく》」。卵の殻の中からひながたたくのと、外から親鳥がたたくのと同時に殻が割れるという。これはひな鳥がたたいたからか親鳥がたたいたからか、どちらが先かどっちとも説明できない。窓が開くから風が入るのか、風が窓を開けたのか、どっちとも言えないわけです。風が入る、窓が開くという両方ひとつの同時の現象があるんですね。

――ところがいまは、窓を開きにくくするという時代ですね。

開きにくくすればするほどむなしくなる。それ自身が存在しえなくなってくる。これはいま、食べものでも、中身をごまかして大量生産してるものがたくさんありますが、たとえばガンとの関連の自覚が出てきたら、そういうごまかしはできなくなる。

――本当にわかってくれば。

だんだんそういう直観が深まってくるでしょうしね。

――食べものについても無というものが現成するんですね。長年、農耕を続けていらっしゃって、食べものと無について少しお話しして下さい。

食べものの無を感じるのは舌だと思うんです。「これだ」っていう味ね。「これだ」っていう味を感じてるときには、甘いと辛いがちょうどうまく調和している、その調和点だとか、すっぱいと甘いがちょうどいい時点だとか、そんなふうに説明できないのね。すっぱいから甘い、甘いからすっぱい。その神秘。それに触れたときに、「これが味だ」って言うわけだね。存在の中核にある姿の自覚なんですよ。それは舌が無でないと出てこない。

ところが今の料理はそうではない。料理が頭で計算されている。それは頭脳ですべてわかろうとする一種のしこりです。たとえば砂糖は何杯入れて甘さを含ませて、この料理の味はだいたいこういう調合でできる、と。これがだいたいライスカレーの味、これがだいたいこの料理の味だ、と。

そんなもの味でもなんでもない。しこりなんだ。味というのは無においてのみあらわれる。そして本当の舌だけがその味をつかまえることができる。

ある神父が言っていました。「高森ではいろいろなことがあったけど、あのかぶの味のうまかったことだけは一生覚えている」と、こう言った。彼はカナダ人だけれど、日本であんなうまいかぶを食べたことがないわけ。それは、無の味なんだな。それを彼は味わった。

人間、本来自然であれば、そういう味を味わうわけですよね。ところが子どものときから、そうでない味わい方に慣れると、わからなくなっちゃうわけ。

――かぶの味の特性を取り出して見せるわけにはいきませんね。

それが味の本体なんだ。ちょうどいいところに合わせて、というもんじゃないわけ。生きてる姿の直覚なんだな。

そういう味を味わうところでは、いつでも手が合わさりますよ。ありがたい、いただきます、となります。人間のからだも、そこでいつも目覚めるわけ。

だから修道者のいくらかは、本当の味のするものを生産しなければならないと思います。近代農法でなく自然の農法で。そうでなきゃ祈りなんてみんなうそになっちゃう。その「ありがたい」があれば自然に祈りを覚えてくる、お経を覚えると思いますよ。

――無との接点は具体的な事実にあるんですね。

それが、本当の無に照らされて生きている人の味つけになったら、これはその人の霊を味わうわけです。

教育は存在に対する励まし

――「無為にして化する」という言葉がありますけど、教育にしても人が人に触発される場面も同じようなことを思うのですが。

お互い無になったときに何かに目覚めるとか、発見するとか、受けとるとかいうことでしょう。同行教育というのもそういうことでしょうが、子どもはやはり、出会いによって本当に育つんですよ。それ以外の育ちなんてないですよ。学校教育で大事なのは、先生の無を行じてる態度、いつくしみの態度というのに触れたとき、パーッと開かれるんでしょうな。それが教育ですよね。教え育てるなんていうものじゃない。

僕の中学校時代の、一番重大な思い出は、先生が、僕に百点満点で百二十点くれたこと。その時は、なぜ先生が百二十点くれたんだろうって思っていました。でも実はそれが本当に、存在の励ましだったと、わかりましたね。

「人間はなぜ呼吸するか」っていう問題だった。生物の教科書には、動物はどのように呼吸するか書いてある。ところが人間がなぜ呼吸するかという問題に対してね、そんなこと書いたって僕は無駄だと思ってた。それで考えてた。三十分。結局少し妥協して、教科書に書いてある内容を二、三行に短くまとめて、そのあとに、「人間が呼吸するのは、いきるためだ」と「いきる」とひらがなで傍点を打った。もうそれ以上どうにもしようがなかった。苦闘したあげく、そういう答を書いた。そうしたら百二十点をとった。

階段教室で四つくらいのクラスが合同で授業をうけているところで、一人一人を呼んで点数を教えてくれる。僕の順番がきて、三十点か四十点かな、と思ってた。それが百二十点だったのです。その理由は、これ以上の答はできない、どんなに説明しようが、これ以上には答えられないんだ、ということ。

僕は、その先生が私達に投げかけた何かを、なんとか受けとめようとした僕の態度に対する励ましだと、そう受けとっています。その励ましが百二十点だったと。

やはり、点数のことを考えたり、頭で考えているうちは、そういう態度にならないですよ。答えるっていうことも全部捨てちゃって、先生のその手をどうやって受けとめればいいんだと悩んだ。それが先生にとってはうれしかった。人生や教育というのは、何かについて説明を与えて、何かについて書いて博士号をもらう。そんなくだらん世界じゃない。それは芸術の世界でも技術の世界でもそうです。無を行ずる態度というのは、あらゆる分野に現われる。それが人生であり、それでこそ生きる喜びがある。幸せがあるんです。

ある隠者が兄の家に泊まって、お風呂に入ったときに、お湯の音が全然しなかったって兄が感動していました。水は尊いものだから、砂漠の隠者は、ざあざあお湯をかけられない。ありがたいと思って水を使うでしょ。水の音が全然しなかったという。

節約しろということじゃない。みんな水の使い方を知らないってことですね。節約をいくら言っても、エネルギー問題はいつまでたっても解決しない。子どもはますますぜいたくになってくる。ますますエネルギーが欲しくなる。いくら電力をふやしたって、そんなことじゃあ幸せにつながらないでしょうね。

幸せいっぱいで無駄なことをする暇がない。それが、人生です。

現代の受難

世間との相克＝受難

――今日、私達が貨幣経済を基盤とする価値観の中で生きているると、普通は高森草庵で営んでおられるような生活をすることは往々にして許されない。ですから、高森草庵をお作りになる時にはもちろん、その後今日に至るまでには様々な困難にあわれたのではないかと思います。そこにはキリスト教で言われる受難ということの響きが感じられるのですが。

なるほど、確かに受難ということは、とても大切な、重要な問題をはらんでいます。しかし受難の姿といっても、実際には花にもいろいろな姿や色があるように、様々な局面や様相があるんですね。だから、これを一まとめに一つの物語として一般化して話そうとすると、それは学問のようになってしまい、偶像化してしまうわけです。その結果、受難というものが過去の出来事になってしまい、現代に生きる私達とはつながらないものになってしまう。とんでもないですね。現代の問題としても、受難というのは大切な響きをもっているわけです。

それでは、現代の受難とは何か。この経済中心の価値観、その流通機構の中ですべてが動かされていくという現実の中で、どういう受難の姿があるんだろうか、ということを考えてみますと、この問題を直《じ》かに見渡せる一つの象徴的な場として、托鉢という生活があると思います。

托鉢して歩くというのは、やっぱり完全に、資本主義経済の中で、組織された中で生きている人達の間で托鉢するわけですね。一軒一軒の戸の前に立って鈴を鳴らす時に、出てくる人は、やっぱりそういう社会で生きている人たちです。それで、そういう社会で生きていて得たお金や物を、供物として捧げるわけですね。お百姓さんが自分の作った米をこれは私の捧げ物ですといって捧げるという場合が、むしろ非常に少ないですね。むしろ、そういう流通機構の中で、偶然自分の手に入ったものを捧げるという形なんですね。

ところが、いよいよ捧げる段になりますと、全然違うところで捧げますね。その経済機構など一切忘れたところで、ご苦労様です、ありがとうございます、と言って捧げますね。それはこちらが、もしも、その托鉢でただでお金を得て、今日の飯を食うんだというような考えを持ってやっていたらば、そういう響きは出ないと思うんですが、本当に、天上天下無一物の自由な風の中で、こちらが本当に、そういうものから離れて、ただ人の前に立って鈴を鳴らすという事によって、深みが互いに目覚めるんですね。

これは、やっぱり一つの受難行なんです。そりゃ、托鉢というのは恥ずかしいですよ。普通は働いてお金を貰うんでしょう。それを、何にもしないでただ人の家の前に立って、チリンチリンと鈴を鳴らしてただでお金や物を貰おうというんですからね。社会的に言ったら恥ずべき行為なんですよ。

このように、托鉢の生活というのは、根本的に世間的価値観とは逆のことをするわけだから、世間は本能的にそれを憎むわけ。世間というのはおよそ自分と同じものを受けとっていれば安心しているけれど、それと根本的に違うものを本能的に否定して、そして排斥さえするわけです。この世間の憎しみ、排斥、つまり、世間との相克というのが、そもそも受難のもとなんですね。これが、キリストの受難であり、宗教者の受難であり、本来の姿で生きようとする人間の受難であるわけです。それを一気に目のあたりにさせられるのが、托鉢なんですね。

キリスト教でも、修道生活というもの、行《ぎょう》の生活というものを大切にしますが、その根源には三つの誓願というのがあるんです。一つは従順の誓願と言いまして、自分がしたいと思う事や正しいと思った事をする、なんていうんじゃなくて、端的に神の意志に従うという、こういう願ですね。そのためには、やっぱり自分が死んで本当に神の意志が見えて来なければそうはできないわけです。しかし、神の意志というのは、そんなにはっきり見えないのが普通ですから、上長や共同体との対話の中で忍耐をもって神の意志の現われを待つことが、しばしば必要になります。

もう一つは、貞潔の誓願というもので、人間関係の執着に一切ほだされないで、ただ神と自分だけで生きるという願です。もう一つは、清貧の誓願といって、物の所有とか、物の囚われというものから一切離れて生きますという願なんですね。この三つの誓いを神に対してするわけです。

ところが例えば清貧の誓願という事を、資本主義、貨幣経済の社会で立てて、そしてその願を果たそうと思って生きるわけですよね。だけども貨幣経済中心の社会の中で生きてると、修道会としてもやっぱりある程度の金は必要だというわけで、銀行に預金を納める。信者さんから寄付を貰うと、そこへ入れる。そうすると、例えば、修道院を修繕したいけど、どうしようか、それには幾らかかると。今、貯金はこれだけある、それじゃやりましょうというわけです。足りなきゃ寄付を貰いましょうとか、そういうところで、考えていくわけね。そこに、天上天下無一物の風っていうのは吹かないんですよ。

修道会はお金を持っているけれども、各人は要するに一銭も持ってないんだといったところで、どうしてもお金が必要な時は、係の所へ行って必要なだけ貰って、後で会計報告するわけですね。そりゃ、個人的には持ってないかも知れない。だけど家族が金を持っていれば一人ひとりが持ってないと言ったって、そりゃ金持の子なんです。持ってるのと同じなんです。

どうもそれは、托鉢している時の、あの風ではない。あの無の風は吹かないんですよ。だからやっぱりキリスト教では、受難、受難と言ってるけど、それは過去の記憶になってしまうんでしょうね。

無の風に吹かれた生活

で、そういうものがいやで、嘘がいやで、ここ高森の地へ来たわけです。だからここでは私一人でなく、集団が托鉢の無の風に吹かれて生きる生活に入っているわけです。まあ、一つの基準とすれば、十人いたらそのうちの一人が病気になって一カ月入院する位の金は、あってもいいけれど、あとは持たないようにしようというわけです。

すると不思議なんですよ。托鉢して家の前で鈴を鳴らしてるわけじゃないんですが、次々にお恵みをいただけるんですね。例えばこの小屋を建てる時に、初めに五、六万円位の金があったかなあ。それで貰った材料の他にいくらかの材料を買い足して、建て始めたわけ。ところがアッという間にお金も無くなり、材料もなくなっちゃった。アハハ、これでしばらく休みかと思うと、先生って、声がかかるんです。こんな材木があるけど、貰ってくれねえかい、と言って来るわけ。結局、休まないで造っちゃった。

ここへ来て二十一年になりますが、たえずそういうことのくり返しでした。托鉢なんです。ですから、全く物も無い、金も無い時は本当に嬉しかったですね。食べる物も無い、嬉しいなあって言ったけど、それが一日と続かない。もうどうにもしようがなくなって、日雇いに行こうと、一週間くらい交替で外に出た事が二回だけありましたけれどね。こういう生き方をしてると、本当に何も無い時の喜びって素晴しいもんです。風が吹くんですね。

これを見ていた東京の連中が、先生、それは高森だからできるんですよ、東京じゃできませんよって言う。

ふん、そうかね、と言って始めたのが、東京神田にある思草庵なんです。東京でここ高森と同じように、誰も月給貰わずに良い仕事をする共同体ができるかどうか、試したわけですね。

ところが同じようにできるんですね。神保町のあんな真ん中で家を借りると言ったら、敷金だけでも大変でしょう。しかし探してみたら、あんな所にやっぱりトラックが通ると揺れるような建物がまだあったんですよ。それで部屋は借りた。そして、机もない、ヒーターもクーラーもないし、何にもない。ハハア、何にもないやと言いながら始めたわけです。それからしばらくして、ある日近くの通りを歩いていたら、机、腰掛、何でも必要なものが道端に積んであったんです。

これ、どうしたんですかと聞いたら、実は整理できなくて困ってるんです、というわけ。アッそうですか、整理しましょうかって言ったら、エッ、本当ですか、有難い、どうもすみません。というわけで、みんな貰って来ちゃった。ハハー、同じ事ですよ。それで本を作るという時も、最初三千部刷る、それが売り切れた頃にまた、その売れたお金で、次の二千部を刷るとか、千部刷るということで、何とか続いているんですね。もう十年以上になるのかなあ。

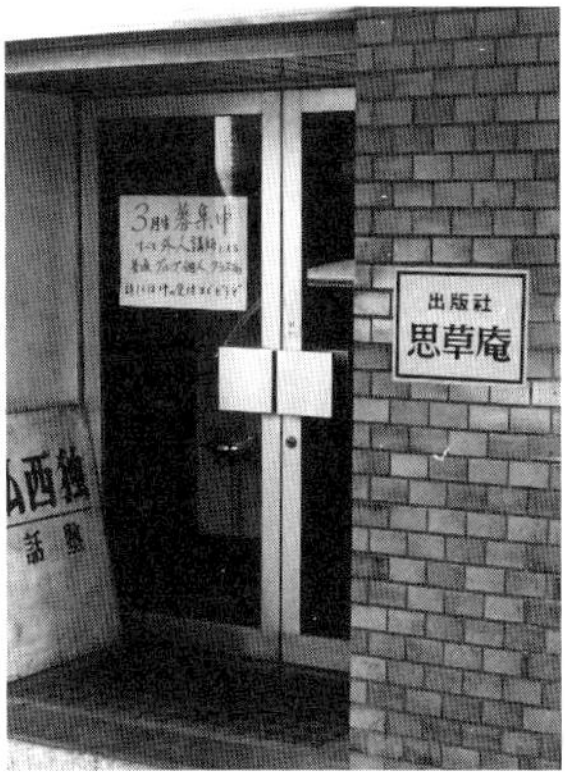

東京・神田にかつてあった
「思草庵」の玄関

要するに托鉢の生き方というものは、あからさまに受難の生活なんです。だけど、そこには、やっぱり有難い風、無の風が吹きますね。それが歴史の意味と言いましょうか、どんな社会であるかにかかわらず、人間が生きる意味っていうことだと思うんです。僕はそれが宗教が示している生きるということの意味だと思うし、それが誓願の意味だと思うんです。

ところが今では、キリスト教で言えば、従順の誓願、清貧の誓願、貞潔の誓願というのをみんな学校で勉強するわけですよ。そして頭に入れてそれを守るようにと、意識の中で、それを考えるわけだ。だからそれは意識の世界にとどまっていて、無の世界じゃないですね。そこが問題なんです。

そこで、今度は行の大切さ、必要が出てくるわけです。

行のあり方

その、行というのは、行くと書くんですが、行くというのは目的地に赴くという意味なんですね。それが、意識の世界では、目的地に赴くという事は、行なうということになるんですね。ところが、行という時には、そうじゃなくて、そういう本来の世界、神様の世界とか、仏様の世界に赴く、つまり道行きということなんですね。だからこれは、意識で行なうという事とは全く違う事なんです。向こうの世界と、こっちが一緒に働く場ですからね、これは学校で教えるというわけにはいかないものなんです。

そこで、この響きを受けとるためには、よき師というものが必要になってくるわけですね。お前、一所懸命行じているようだけど、違うよって、師がふっと示唆してくれた時に、はっと気がつく。あっ、これは自分の思いなしだったたと。これは行というものじゃなかったと。そういう示唆を与えてくれる師がいない所には、正直いって宗教というものは伝わっていかない、死んでいくんですね。

ところが、今の社会の大悲劇は、どの宗教にあっても、教育制度のようなものを取りいれまして、教える人ができて、学校で教えるように宗教的な教えや道や行について教え、教わるわけ。だから、この神と個人との直接な、この関わりにおける行というものが、意識の世界に閉じ込められている嫌いがあるんです。これはキリスト教で言うような願という事についてもそうですが、私は禅宗の方にも関係があるので、気がついてるわけですけれど、禅の行というもの、例えば坐禅行というものが、一つの制度、体制、インスティテューションの中に取り入れられてしまっている。これが規則とか生活の一つの外面的規定の中に取り入れられてしまいますと、要するに、道元禅師がおっしゃったような、発心《ほっしん》の重要さというのが、薄れてきてしまうんですね。ぼけてきちゃうんです。そうすると本当の意味の行は無くなってしまうんです。そうすると、その代用品として、何が目標に出てくるかというと、神秘体験、見性《けんしょう》体験、そういうものが出てきちゃうわけ。だけど、そんな事でやっていたんでは、何だかスポーツみたいになってしまうんだな。

私はこのあいだ、ある雑誌の原稿に書かせていただいたんですが、注意すべき事として、坐禅して坐れば坐る程、謙遜になる人と一緒に、坐って下さい。坐れば坐る程、俺は専門家だと言う人と、絶対に一緒に坐ってはいけませんと。これは邪道に入りますよ、という事を書いたんですがね。要するに教える世界、意識の世界、そういうものと行が結びついたら、もう邪道になるんです。

その無が行ずる所、その行ずる現実が無い限り、行は邪道になるんです。これは恐い事なんです。だから師が要るんです。

で、今僕がみんなに言ってる事は、こういう教育制度が取り入れられて、学習制度、訓練制度というようなものが、取り入れられちゃうと、本当の師がだんだんなくなっていく。それではどうしたら良いんだと。

この時に、何を目標とするかといえば、かくれた謙遜な信仰者に学んで下さいと。魚屋のおっちゃんでも誰でも良いんだ、本当に謙遜に信じて、いつも頭を下げている人の、その生き様に学んで下さいと言うんです。殊に指導者とか責任者はそれを学んで下さい、という事を言うべき時代に来たように、思いますね。そこにしか救いはないですよ。もう全てが制度化され、組織化されてしまったんだから。

だからこの行というものは、本当に発心があって、或いはキリスト教的に言えば、霊的な動機があって、誘われて、本当に行をする時に、そこに新しい境地が開けてくる。そこに無の風が吹くんであって、そうでないと、いわゆる無常観といっても、それはただ意識の世界で弄《もてあそ》ぶ無常観で、変な宗教面が出てくるんですね。特に日本の仏教には、非常にそういう風な危険を感じます。どこでもお墓やお寺さんに行って感じる暗い空気っていうものに、私は何かインチキ臭いものを感じる。もし有難い世界に捕えられていたら、お寺さんという所は、もっと有難くて明るくて楽しくて、早く行きたいという所であるはずなんですよ。

日本は仏教を取り入れた時とか、伝承されていく間に、どこかで間違った指導が混入したんだという気がしますね。それをふっと気付かされたのが、インドのサルナートを訪れた時でした。私はあそこで非常に明るいものを感じたんです。

それから、仏教の事でもう一つ言えば、どうして最近禅の方で、坐れば坐るほど、頭が下がるという人が、いなくなったんだろうかと、いう事なんです。坐れば坐るほど、仏様の哀れみを、人々に感ずるようにならなくちゃあ、これは行じゃないですよ。そういう点では僕は、浄土真宗の流れの方が、むしろこの根本の点を押えているんじゃないかという事を感じますね。この浄土真宗のかたと接していると、とにかく頭の下ってる人、謙遜な人が多いですね。この点は禅も学んだらいいと思う。それが本来、仏教のあるべき姿だし、宗教のあるべき姿だと思いますね。

しかし行というものにも、いろいろあるわけです。坐禅行というものだけじゃない。浄土真宗の身調べの行*とか、日蓮宗の太鼓の行とか、日本特有の滝打たれの行とか真言宗の千日回峰行とか、いろいろなものが

＊ 断食・断水・断眠等をしつつ、仏の恵みに対する自己の反省・自己の内省をする行。現在の「内観」へと繋がる。

あると思いますが、どの行にあっても、大事なのは、その発心ですね。動機ですね。

キリスト教にもいろいろ行があります。断食行もありますし、大きく言えば生活そのものを行として生きるわけですけども、真剣にそういう行を生きようとする人達は、こういう功利社会とか、キリストが世と呼ぶ社会にあって、これは、やっぱり受難せざるを得ないですよ。動機が違うんですから。

行の生活に対する迫害

人間っていうのは不思議なものです。動機が同じものは必ず一緒になりますよ。金儲けする者同士で、お互いに敵だといっても、いざとなったら、パッと協力しますよ。そして自分達のようでないものは、排斥しなければならないと。自分達が否定されるのはイヤだ、これが人間の戦いの根本の形ですね。例えば托鉢行をやったり、このような行の生活をしてれば、世間を否定するわけですね。商売なんて空しいよと否定されちゃあ、自分達の立つ瀬が無い、だからやっぱり迫害せざるを得ないんですよ。

キリストの場合でも、ユダヤ民族の宗教的権威と政治が結びついたものが、彼の生き方に対して、こいつは敵だという事を感じ始めるわけですよね。それによって自分達が、どういう動機で生きてるかも出てきちゃうんだけれども、そうなると国家も何も全部、その敵のために一緒になって迫害を始めるわけです。ですから、今でも本当の無を生きれば、そういう形が出ざるを得ないと思いますよ。ことに今の世間というのは、非常に凶悪になってきていますから、私は、その受難の形というのは、実に凶悪だと思っています。だけど、それはやっぱり必然でしょうね。

これはブラジルのカトリックの場合ですが、そこの最高指導者の会議である司教会議という所で、キリストの教会というのは貧しき者、小さき者のためのものなんだから、小さき者を圧迫する側に立ってはいけない。だから既存の縁《えにし》を断って、これからは貧しい人達と共に行く、という決議をしたんです。そして大きな教会とか大きな修道院という形を断って、修道者も修道女も例えば二、三名ずつにわかれて貧しい村に散らばって、入っていったんですね。そして、ミサあげるんでも、普通の家であげるというような生活が始まったんです。これはもう大改革ですよ。

ところがそういうことを始めたら、今度は政府をはじめとして偉い人達や世間の今まで教会を支えてきたような人達が、この野郎！　と迫害を始めたわけですね。それまでは経済的権威と政治的なものと教会が、しっかり結びついていて、安定した社会だった。それで搾取もできたわけでしょう。ところがそういう社会が根本的に変わるわけですから、自分達の立場が無くなると感じた連中は、そりゃ、やっぱりこん畜生と思いますよ。そして、そういう改革を一所懸命やる神父の殺害とか、いろんな迫害が出てきたんですね。

だから、恐いんですよ。僕ら宗教家というのはどこでも、一所懸命やると睨まれるんですね。私が、こういう事を始めた時にも、みんな石を投げました。石を投げられたのにはもう一つ内部のあつれきもあったのですが、カトリックだったら男女の修道場というのは、互いに遠くに離れてなければいけないのに、私のところでは家は全く別ですが、場所は近くに生活してるんです。仕事は一緒にするでしょ。それはけしからんというわけで、いろんな所から迫害があったんです。ところがしばらくしたら、今度はいろんな所から、来てくれ、来てくれと声がかかってきた。つまり教会全体が、やっぱり、これじゃいけない。本来の所に帰るには、どうしたら良いかということを模索し始めたんでしょう。その道案内として、僕らを呼ぶようになったんです。

それで実際に世界的な布教会議なんていうのに呼ばれて、私は今までの植民地主義と結びついたような布教会議はごめんだ、会社員が、どこかに派遣されるような、そんな布教というものは縁が無いという話をしているわけです。キリスト教っていうのは、父がキリストを遣わしたように、キリストが私達を遣わすというものなので、それは存在のあり方の問題なんだと。信仰に身をまかせるとき、その存在のあり方が、人々の神との対話を誘うという事なんだ。だから、全ての人が布教者なんだから、どの教会も布教的でなければならないし、お互いに人を交換するという事は、一つ一つの地域の教会が、独善的にならないようにという意味があるんだと。そういう話をした時にね、みんな、僕の所に、抱擁に来ましたね。良い事を言ってくれたと言って。

教会というものは、表面は非常に保守的な嫌なものに見えるかも知れませんが、中にはやっぱり、そういう大切なものがまだ生きてますね。そうでなければ途絶えてしまうんでしょうけれど。だから、やっぱり本当の意味での、無の教会というものを求める心、憧れというものはまだ生きてますね。こういうことは、仏教にしても、ユダヤ教にしても、回教にしても、すべて古い宗教伝承について言えることだ、と思います。

歴史の本質は受難

ところで受難ということの深い意味を我々の前に示して下さる方として、お隣りの韓国に咸錫憲《ハムソクホン》という人がおります。この方は政治運動とか、いわゆる経済運動などをする方じゃないんですが、要するに真心のある方で、然りは然り、否は否、とはっきりおっしゃる人です。

彼は歴史の先生でしたから、歴史の本質は受難の歴史だなんていう講義をするわけです。そんなことを言えば、時の政府にとっては、感じ良くないや。そういう事で、戦前の日本政府による支配の時代にも、監獄へ入れられた。それから最近でも朴政権の時などは、まあ、軟禁状態でしたね。やっぱり同じように然りは然り、否は否というふうでしたから。そういう生き方は、時の政権にとっては邪魔になりますよ。そして彼は青年たちに非常に大きな影響を与えていましたから、尚更ですよ。

いつの時代でも権力が暴力的な力を社会、世間に対して発現しようとする時には、やっぱり信仰や真実に生きようとするものは邪魔な存在なんですよ。ですから、そこに迫害があり、そこに受難が起こるわけなんです。ところが、それが無を生きる姿に通じて行くんですから、不思議なんです。

咸さんの言われる歴史観というのは、要するに韓国というものを表面的現象的に、いわゆる歴史記述的に見たら、これはもう記録価値もないような、みじめなことがらの連続であって、一体その意味は何だという事になるんだけど、イヤ、そうじゃないと言うわけです。このみじめな受難というものを良く見ていると、そこに本当の歴史があるぞ、と。これを彼は、見つけたし、それを意味としての歴史という言葉で言いたかったわけですよね。

だから本当に、咸さんが経て来た彼個人の受難史というものを知らないと、恐らくあの意味としての歴史ということは、わからないだろうと思うんですね。それはもう、彼自身の歴史でもあると同時に、そこに歴史というものの意味があると。

で、それは、どういう事かというと、やっぱり歴史の中核にある、キリストの受難というものが、一人一人のみじめな受難の歴史を通じてそこに示されているというヴィジョンでしょうね。ですから韓国の歴史の中にもキリストと同じものが示されている。その歴史の中の受難の姿っていうものは、必ずその歴史の中核にあって、人間は、我に死んで、そして新しいお命に生きる、有難い世界に開かれるべきものなんだと。そういう事への示唆は、韓国の歴史の中にも見られるじゃないかと、言っているんだと思いますね。ですから自分の国のかくされた歴史をよく眺めてみろ、そうすると歴史の意味が、すっかり出てくるぞ、という事なんですね。

僕はそれと同じことをアテネに行った時に感じました。パンテオンの廃墟。アレは智恵だと思います。この廃墟をそのまま残せ、これが歴史の教訓だといって今でも、それを見せるわけですが、アレはやっぱり、ウームとうなりますよね。

歴史の栄華は空し。やっぱり「春高楼の花の宴」じゃないけども、ああいう空しさというものを、いつも噛みしめている所にしか、本当の意味のある歴史は出てこないと思う。うれしいな、これが楽しい人生だ、なんていうのは上っつらのことなんで、やっぱり、そういうものは空しいものだということを噛みしめる所で、かけがえのないものに、命を捨てるという態度が出てくるんですよ。そこでキリスト教のお大切というか、かけがえのないものに命を捨てるというか、その人のかくれたかけがえのないものに命を捨てる人が、その人の友なんだという、最後の教えが出てくるわけですね。エコノミックアニマルと呼ばれるような今日の日本人の歴史観、世界観なんていうものは、チャチなものですよ。子どもが何かきれいなオモチャを手にして喜ぶのとおんなじ。内容はゼロでしょ。

例えば、食べ物にしたって、これは、かけがえのない食べ物だなんていうものは、もう無いでしょう。どこへ行っても全部添加物の食べ物でしょ。全部毒物ですよ。農業だってそうでしょ。かけがえのない農業なんて、もう見られなくなった。

そして彼らにとっては、行なうという事は、自分がたてた目標に向かって進むという、これしかないの。だから、彼らのする事は、金儲けするか、どこかの金鉱をのっとるか、みんなをキリスト教徒にしちゃうか、そういう事しか、生きがいじゃないんだよ。そんな歴史観は歴史観などというのに価しない。そういうものしか無いわけ。

近世ヨーロッパでは、マルクスだって何だって全部それですよ。中世は、そうでない。そういうものの空しさがまだあった。本当の無常観があった。ところが近世は、もうそうじゃない。人間中心主義になっちゃって、変な無常観、人間の無常観になっちゃった。だから、植民地で悪い事したんだ。マルコポーロの日誌を読んで下さい。おかしいやら悲しいやら、もういやになっちゃう。

例えばアメリカ大陸を発見した。その時の彼らの目標は、スペイン帝国を広める事、そして、キリスト教徒を増やす事、そして金鉱を発見して持ち帰る事。全部一緒なんですよ。そんな宗教があるか。そんな布教があるか。

これはもう、僕らが言うのは恥ずかしいけれど、西アフリカへ行って僕はびっくりしたわけ。アフリカの最初の宣教師というものについて僕は、勉強が足りなかったんですが、奴隷売買とか、そういう事に対して、これは恥ずかしいと、そのつぐないの意味で、ある良心的な人々が、宣教師として向こうへ布教に行ったのだろうと、こう想像してたわけ。そうして、西アフリカの奴隷海岸、象牙海岸、黄金海岸というあたりへ行って、最初に建てた教会というものを見た。そしたら、その教会を建てたのは誰かといえば、奴隷売買のその船の指導司祭だって。つまり奴隷売買やる人達の、罪の告白を聞く人達、その神父が建てた教会が、ガーナの最初の教会なんだよ。僕はもう、ガックリきちゃった。つまり彼らは自分達のしていることを悪い事だと思ってなかったんだね。

バラ色の、近世ヨーロッパの観念というのは、全部それですよ。冗談じゃないですよ。そんな布教は、もうまっぴらだし、そんな歴史観なんかまっぴらだ。そんな連中に宗教がわかりますか。

その結果として、キリスト教ではどういう現象が起こったかというと、法律を精密化する事に夢中になって宗教的道を守ろうとした。もう一つは、聖書なりなんなり、そういうものを、精密に分析して、わかるようにする事。こういう事をやってきた。だから、ますます空しくなったんです。十五年位前まで、ある神学者達は、生き生きとした顔をしてました。この学問によって何か出てくるだろうって。今、彼らはみんな灰色の顔をしてますよ。何も出てくるもの無いから。

隠れた受難者が新しい時代を開く

そういう中で、やっぱりそういう表面層に隠れて、受難者はいたと思います。小さい所で、本当の信仰を生きていた人達がいた。その中には、殺された人もいるし、或いは、人知れず何か、まわりに光を残して死んでいった人もいます。

で教会というのは、そういうところにあるわけです。仏教だって、そうだと思う。そういう人がいる所に僕は、仏教が伝承されていると思う。神道でもそうでしょう。だから今日のこういう体制化した社会に於ては、そういう隠れた所に目を向けなさいという事を言いたいですね。学ぶ所は、そういう所だと。表立って教える人じゃない、本当に信仰に生きている正直な人達に生き方を学びなさい。だから僕はね、こうした人が増える事を夢見るんです。やっぱりね、本当のこの正直な貧しい人達ですよ。本当に求める人達のこの自ずからなる、この求道というものが何か生まれてこなければ、日本も救われないだろうと思いますね。

で、その一番大事な基本になるのが、動機です。金儲けという動機なのか、表面はどういう事を言おうと、動機が本当にかけがえのないものに奉仕したいという動機なのか、その動機で決まるわけです。後の裁きは、歴史がします。

そして、本当の歴史とは、つまり百年、二百年、三百年、千年経った時に残るものは、そういう隠れたものなんですね。何が支えていたのか。それを見るのが、歴史観というものだと思います。それが見られなければ、佗びしい事だ。で、今の西洋史で扱う事は、華やかな面ばっかりで、本当に人々を支えてきた隠れた面を見ようとしていませんね。

不思議ですねえ、こういう本当の歴史っていうのは、お互いに全く連絡がないように見えても、各時代にある共通のインスピレーションを持っているようですね。私は初め、縄文上期の時代に、どうして、あのパレスチナ地方のレバノンにあるのと同じ土器があるのかわからなかった。同じ人間が住んでいるのかとも思ったりして、わからなかったんだけど、やっぱり、どうもそういうものかも知れない。我々のわからない或る一つの霊感とでもいうものが、各時代の草の根に働くのかも知れませんね。

今は、そういうインスティテューショナルなものじゃない、この草の根に根づいた根源的なこの息吹きの世界、無の風の吹く世界というものが、この地上に動き始めているんじゃないかと思うんですね。で、ここはね、割合早くからそういう運動に与《あずか》っているんです。ここは二十一年前からはじまったわけですけど、僕が或る病院にいて、インスピレーションの中でそういうコミュニティ、まどいが生まれたのは、三十五年位前なんですよ。その頃から、そういう霊感の中で、世界的に、あっちこっちで芽が出始めてきたんじゃないかという気がするんですね。

最近も南米から、或る女性の神学者がここへ来ましてね、今度南米へも行く約束をしたんですけど、やっぱり彼女は本当に学ぶ心を持って来てるんですよ。そして南米へ帰ったら向こうでもそういう全き神だけとの生活、共同体を始めたいんですね。そういうものが生まれたら、そこがまた新しい歴史の方向性の拠点というか、精神的インスピレーションの中心的な場所になるでしょうね。そうすると、そこもまたねらわれるのかも知れませんけれどね。僕は良くわからないんだけど、悪い事は何もしてない。良い事してるんだけどねえ。

これはもう、歴史というものの一つのパターンですね。だから新しい来たるべき時代が宗教の時代になるという事は、これは同時に、宗教というものが本源の姿に帰るという事を、前提とするわけです。本源の姿に帰るという事と、そういう事に共感する小さな草の根が、現われるという事でしょうね。そして、それ以外に、今の世界の状況で平和を保証するものもなければ、幸せを約束するものもないですね。歴史的にそれ以外には、意味が出てくる所が無いんです。

日本人への直訴

法の実体

自動車の音も汽車の響きも届かない場所が、日本にまだ存在する。信州の山岳地帯の道絶えた森の中に佇む時、自然は如何に深く静寂であり安らかであるかを悟る。そこに聞く声は、存在の根まで解《ほご》しを与える。暗黒と、異様な灼熱の空間から帰還する宇宙飛行士は、優しさとことほぎの唯一の生命の衛星を見て、言い方なき感動に包まれるという。この、正に神秘に合掌する。そこに国境を設け互いに争う人間の愚かさを直感する。

「その言《こと》を、日は日に告げ、
そのたよりを、夜は夜に伝える。
その声は、人に悟れるような話でもなく言葉でもない。
そのひびきは全地をめぐり、その言葉は世の果てに及ぶ。
……
主の法は完全で、人の魂を慰める。
主の証しはまことで、単純な人に知恵を与える。
……」〔詩編19編〕

私もまた、彼らの聞く声を聞く。

人は法を語る。法に即して正義を語り、平和を志向する。しかし、平和は訪れない。なぜなのか。法の実体の所在を知らないからである。法の実体は、法学的概念の中にも法律書の中にもない。それらは、精々、実体の影である。法の実体は、身心脱落した者の中に見られる、神の恵みの実りのすがたである。神の声に従って、神の風によって生きる者の中に現われる、言い難き生命のすがたである。この、単純な、脱落した人は、然りは然り、否は否と言う。そこに、本来の志向が顕現する。

身心の脱落は、意図的修行の成果ではない。一時的事件でもない。神のまごころと人のまごころとの間に、意識を超えて起り来る、永続的事件である。人生の苦境の中で、自らにも天にも嘘をつかぬ正直さへの報いである。その根底には、知られざる御者に無条件で全服委託する赤誠がなければならない。この赤誠を信仰と呼ぶ。この赤誠の歩みの中で、自分が生きているのではなくなる。そこに風が吹く。法と証しが現われる。しかし、人間が自らに現われたそのすがたを把握し統御しようとする時、すべては消える。実相に虚相が代る。

学問の世界は、虚相の世界である。

実相の世界では、法は言葉に響く。風が伴う。観念ことばは意識の中に閉塞していて、法の響きは伝わらない。

虚相の世界の風は、邪風である。名誉心、金銭欲、欲望、さまざまな邪風が、統御されぬままに吹き荒れる。好奇心もその中の一つであるが、それはしばしば真理という仮面をつける。真理というのは、ギリシア後期の西欧的遺産であって、本来、誠《まこと》から切り離し得ないものなのを一つの客体的対象にしてしまった魔的抽象なのである。まことは、真事《まこと》であり、誠である。かかわる者の心とその者に顕現する実相とは決して切り離すことはできないのに、簡単に切り離してしまった。そこから、無責任な思考が始まった。

それと呼応して、本来、事《こと》の響きを伝える、こと葉は、理念と意味を表わす理念ことばにすり換えられていった。コンピューター的思考の起点がそこに在る。実在の法とは無関係に、人間だけの妄想である法の雲が立ちこめた。

自然科学は、自然の法を探る旅に出た。そしてある時、観察という手段だけではなしに、こちらから干渉して、その結果を観察する方法を発見したと思った。それを実験と呼ぶ。人々は画期的出来事だと自讃した。それが、自分の立場からの干渉であることを、未だに気付いていない。こうした実験の根底には、傲慢になった人間の醜悪なながめがある。それは、観察対象を被造世界全体から切り離した、抽象的物質的な対象としてのみ眺めるながめである。

実際は、如何なる存在も被造世界全体の中でそれと響きあってのみ存在している生きものなのである。被造世界全体が、それぞれの中に、それぞれの仕方で運ばれている。故に、被造世界全体を知ることなしに、この対象を知ることはできないし、被造世界全体の、そして一つ一つの存在の存在理由を味わうことなしに、この対象を味わうことはできないのである。

実験は、いよいよ規模を大きくし、干渉力を増した。そして、幻想は厖大《ぼうだい》になった。素粒子に、莫大な力を加えて実験し、観察する。そのような力を加えたことを忘却する。そして、素粒子の状態が捉えられた、と錯覚する。原子力兵器は物理学の真理の成果であるとでも思っているのであろうか。実際は、神の知慧から遙かに遠ざかった、人間の悪魔的作文の結果である。その基礎に、人間特有の道具がある。

まず論理。論理は、観察者と対象とを別にする。観察者は対象でないという。故に、科学者と哲学者は、観察者と対象との境界を何処に置くべきかと議論をする。愚かなことである。両者は、区別できない。

次に数学。存在するものは、どれをとってもかけがえのないものである。同じものは一つもない。故に、数えることはできない。数えられるものは、人間の製作物の外には、何一つ存在していない。数えるということも、論理と同じく、人間の一つの見方に過ぎないのである。

さらに、幾何学的発想。人間は、直線だとか、四角だとか、三角だとか、丸だとかを考える。しかし自然の存在の中には、そんな形は一つもない。それは、人間の抽象的な見方に過ぎない。微粒子の世界にそういう構図を投げ込むというのは、滑稽なことである。

物理学者の中には、そういうことに気付く者が一人もいないらしい。

毒草はしばしば最高の薬草である。薬草も毒草になり得る。すべて、人間の無知の結果である。人間は絶えず、ある結果だけに気付いているに過ぎない。どの存在をとって見ても、その存在の存在理由は、人間には隠されているのだし、そのものの存在理由が隠されている限り、所詮人間は、何も知り得ないのである。

平和の実相

神の法は、脱落の場に、神の風によって現われる。そこに、平和の実体がある。法のすがたは、意識を超えた存在の深みだけではなしに、深い冥想、思考、情緒、感覚、それぞれの層にその響きを伝え、それぞれの層に法のすがたをあらわす。そこに、平和の実相がある。脱落した人間は、かくて、自らの存在と共に、平和への道が何であり、平和を阻害するものが何であるかを明白に感じ取る。故に、平和を志向するためには、彼らの言うことを聴かねばならない。平和を現成できるのは、政治家でも経済家でも学者でもない。脱落者の言への誠実な従順によってのみ、その従順の程度だけ、平和が実現できるのである。

現代人の語る平和は、まず快楽的平和である。物の生産を増大し、移動の速度を加える。労苦することなく、すべてを機械化しようとする。そして平和はますます遠のいていく。快楽的平和を追求する程、精神疾患、癌、心臓病が急増する。

快楽的平和と関連して、所有的平和の追求がある。しかし、所有する程、心の平和は失われていく。これらの平和追求の象徴が都会的生活である。そこは、論理、数学、幾何学の独断場である。大人の堕落、子どもの暴力の温床である。

平和は、意識的意図的追求で得られるものではないのである。そこで、平和追求を正当化するお題目が唱えられる。

曰く、自由。曰く、民主主義。しかしそれを唱える国では、例えば、黒人や黄色人種が勘定には入らない。単なる抽象的観念である。そしてそのために、地球を破壊してもよいと考えるのである。

法の実体に根づかぬ限り、彼らが平和を追求する程、平和は遠のく。

平和は、与えられるものである。神の知慧のうちに、その風によって、現成するものである。

パパラギ文明

パパラギとは、西サモア語で、空を打ち破って来た人の意である。ふと現われたのは、白人の宣教師であった。ヨーロッパ人は、神についてよい事を語る。しかし彼の生き方、考え方は実に奇妙であった。彼はやって来ると、まず妙なことを言い出した。ここまでは私の領地、ここからはあなたの領地だと。何の理由、何の権威があって、そんなことを言うのか。

ところが、この男によればその考えは常に正しいのであった。彼には反省能力というものがなかった。酋長ツイアビはヨーロッパに旅して、彼がなぜそうなのかを知ろうとした。ヨーロッパという所がそういう所であった。彼らは、神の位置を奪い取っていろいろなものを造り出し、神様を貧しくしていた。愚かなことをしてその報いを受けても分からない。ますます愚かなことをする。それに、自分達だけそうなのならまだ我慢できるのだが、すべての人間をそれに巻き込もうとする。旅から帰るとそういうことを、自分の部族によく話して聞かせた。

酋長の言う通りである。人間の一つの小さな見方を振り回して、解った解った、神秘の鍵を見付けた、と鬼の首でも取ったようだ。

伊那の谷間の集落に托鉢に出掛けて帰った夜、不思議な夢を見た。空襲があって、枯葉作戦のように毒の薬物が撒かれる。皆、建物に入って扉を閉めるが、薬物を逃れ切れない。飛行機で脱出したが駄目。足の裏が白くなって腐り始めて眼が覚めた。伊那の谷間の田の畦道《あぜみち》に、除草剤が撒いてあったのを思い出した。草鞋《わらじ》で踏むには気持悪かった。

あらためて、パパラギ文明の只中にいる自分を感じた。

車窓から見ていると、百姓達は皆、ゴムのたんぼ沓《ぐつ》を履いている。裸足では入れない、ということをよく知っている。田の虫は、みみずを始めとして全部死んでいる。この村では、蜘蛛が巣を作るのは、私共の田だけである。すべては、自分の利益のために、という発想法であり、手段は選ばない。邪魔者は簡単に殺す。自分の子どもが邪魔な時も例外ではない。すべては自分のために在る物であり、どのようにしてもよいのだ。学問も技術もそのためにある。これがパパラギ文明という自殺文明である。自分を殺していることに気付かぬ無知文明である。平和のためだと言って、原子力兵器をちらつかす狂気文明である。

そして今、日本の社会のすべての分野が、煩手淫声に満ちている。

平和とパパラギ文明とは、本質的に両立しない。

人間の論理も、数も、幾何学も、それぞれに存在の中の位置づけを持っている。しかし、それは極めて小さな低い位置である。パパラギ文明では、それが偶像となり絶対となった。平和の実相のあらわれる可能性はない。

パパラギ文明は、西欧文明の底流とは響き合わない。それは、ここ数世紀の間に進展してきた、奇形文明である。

悲しき業

縄文土器には解《ほど》き、ひろがる、存在の響きがある。社会の構成が定着してくる弥生時代の土器になると、人間の意識が表面に出る。縄文の作品の前に立つ時、我々自身の存在の奥に、縄文時代の現存を感ずる。この現存は、人類の歴史の底流である神秘伝承とそのまま出会った時、見事な樹木に成長するだろうと思わせる底のものである。

ライン河の原点で、縄文時代と同様な土器に出会ったことがある。二、三の人に聞いてみた。皆が、自分達とは関係ないと答えた。

私共が、自分の存在の中に古き伝承を現に担っていることを自覚できるのは、大きな祝福である。

しかし、日本という島国の長い歴史はことほぎの歴史の連続だったのではない。この島国だけが、世界の例外となるわけにはいかなかった。野心、抑圧、政治的工作、欺瞞、殺戮、戦争が続いた。天皇制、封建制の長い歴史の中で、一般庶民の社会心理が沈澱していった。大きいものには巻かれるしかないという諦念、お上《かみ》の目付きを窺い、世間体を気にする日本人気質が定着した。一個の人格の重さは、社会的格式と比例して量られるようになった。神の前において汝は誰なりやという問は発せられない。汝は誰なりやという問は、汝の役職は何なりやと同意義となった。この無個人、無人格状況は、戦争準備にせよ、平和運動にせよ、付和雷同の大基盤をなしている。

勿論、日本の歴史は、こうした一般民衆の状況だけからは説き明かすことはできない。日本の精神史の英雄達は言うに及ばず、政治史、生活史においても、要点には、人格の尊厳が輝き出る。江戸前期の佐倉惣五郎、明治維新の西郷隆盛など、日本人のよき映像である。

しかし、一般民衆気質としては、江戸っ子気質などは例外であって、体制の中に、世間体優位に生きる卑屈なものが、日本人気質なのだ。この村の未だ健在なお婆ちゃんが、結納の式の終るまで自分の相手がどの人か分からなかった、という話をしてくれた。

第二次大戦前、戦争傾斜を阻止できなかったのも、戦後、パパラギ文明に荒らされたのも、この日本人の無人格状況が最も基本的な原因である。

この種の人間は、ふとある時に、邪風に身を委せる。そして時に、それに熱中する。他人が見ていなければよい。他人が気付かねばよい。ごまかせればよい。

また、こういう日本人が集団行動をしていて恐怖にあうと、パニックが起こる。南京虐殺、比島虐殺の根本原因はそこにある。比島の住民から戦争当時の虐殺状況を聞いていた時、パニック状況が目に見えた。

日本人は、もう二度と戦争してはならない。戦争をすれば、また必ず南京虐殺、比島村民虐殺を繰り返す。

この間、九州の唐津からいいりこが届いた。久し振りに安心して食べられると、食事のたびに食べていた。

築地で魚の仕入れをしている男がやって来た時、この楽しさを伝えたら、じっと覗きこんで、「染色してありますよ！」と言った。

彼は、真赤に染色したまぐろが、飛ぶように売れた話をした。数日後、葬式に赴いた時、寿司を出された。正に真赤なまぐろがのっていた。

これはごく一例である。自給しない限り、日本の食べ物のほとんど全部が、汚染されたものである。「中央公論」に、ある医者が、「今の日本人は、癌か心臓病で死ぬんだ、と覚悟を定めればよいのだ」という論文を書いていた。唖然として口が塞がらなかった。

今の日本人は、互いに互いを殺している。気が付かれなければよいのだ！　百姓から食品販売者まで、自分が売るようなものは、決して自分では買わない。

伊那谷の一老人が言った。

「日本の人口が多過ぎるので、政府は、日本人殺戮をそれとなく計画しているのだろうか?!」

道

明治初期、西欧植民地主義に勝つ道として西欧的文明の摂取を決定した時、一般風潮としても、新しき生き方への憧れのようなものがあった。その中でも、悲しき業《さが》の生き方を超える一人の人間の自由、ということが希望の響きを与え始めなかったであろうか。

戦後、この自由の似非《えせ》ものが入国した。似非民主主義と共に謳歌された。アメリカで言う自由は、わがままと紙一重である。自由というのは、法の実体の世界に根づき、平和の実相を自《おの》ずからに生きる人間の様相であって、人格の尊厳と一つのものである。他人の思わくに頓着せず、諂《へつら》わず、権威や体制に阿《おもね》らず、人々を大樹の蔭に宿らす如き風貌であり、必要の時を明白に眺めて、的確に対処するまごころである。

このような自由は、人類の底流への参与によってのみ実現可能であり、今、すべての日本人は、この地下の源流に棹さすことを思わねばならない。

その時初めて、過去に向かって責任を取り、未来に向かって新しい歩を進めることができるであろう。悲しき業《さが》を克服する道は、過去に直面することから始まらねばならない。

具体的に言えば、南京虐殺、比島虐殺の犠牲者達の墓地を、静寂の地に建設せよ。

新しき風土の建設の中には、当然小さな国家主義を克服する、という目標が加わらねばならない。それは政府が指標として掲げるべきことではなく、日本人の心が祈りの裡に志向すべきことである。

私は、アイヌの方とは接触していないが、高砂族《たかさご》*の方と接触した。一つの部族の大事な立場に在る人であったが、戦争中の話をしてくれた。高砂族は日本軍として戦争で一緒に戦ったが、その後の補償については、他の日本軍兵士の扱いとは違う。このような問題は、まず人間の立場で考えねばならない。

これに応えるような態度が現われて初めて、海外協力隊が傍《はた》迷惑にならぬようになるのだ。

この海外協力隊の派遣にしても、難民受入れ問題がまず考えられるべきである。すべての日本人が、この問題を自分に直接関係ある問題として考えねばならない。日本人の真価が問われているのだ。

最近、地方の小学校の木造校舎が続々と壊されて鉄筋に新築されて行く。上からの注文である。東京の国立病院で必要もない機械を買わせたり、建物を建てさせたりする。政府の余剰金である。余剰金使用諮問機

---

* 台湾の山岳地帯に住む高山族に対する、日本統治下時代における呼称。

関を民間識者で構成したらどうか。

これらの事情は、日本がこのままでは、新しい時代に生き延びない、という明らかな印なのである。

中曽根君は、国際協力を既にしていると語るかもしれないが、米国との軍事的協力などは、日独協定と同じなのだ。原子力発電所の残滓物は、ちょっと処理すると原子爆弾になること位は、米国では常識である。従って、輿論《よろん》の反対で原子力発電所を米国に設置することができなくなった。それで、日本と東南アジアへの原子力発電所輸出を、政策的に米国が決定したのである。なぜ、そういう真相を隠して嘘八百を並べ立てるのか。伊那の谷間にまで原子力発電所が如何にも幸福の天使であるかのようなポスターを貼っている。自分の国民を騙しておいて、国際協力等というものはあり得ないのだ。

この点について、学者達、教授達に一言。第二次大戦前、あなたがたと同じ立場にある人々からは、もっと生命がけの発言があったと思うが、如何なものだろうか。マスコミの情報過多も、発言の届かぬ一つの理由である。

もう一つ提言したい。日本人はよく旅行するが、自分の楽しみの旅行という次元を少しでも超えたらどうか。自由国家だけでなく、中国の民衆、あるいはソ連の民衆との間の、民間レベルでの交流を真面目に考えて欲しい。政府が主導権を持つのではなく、民衆自身が主導権を持つ民間交流が、平和の基礎として、是非とも必要である。

最後に、教育について一言。

日本がこのまま亡びるか、人類の大切な一員に脱皮するかの岐点に我々は立っている。この状況を洞察して、パパラギ教育を完全に廃棄しなければならない。論理や数を教える時も、それが絶対の真理などではなく、人間の一つの見方に過ぎないのだということを教えねばならない。一つ一つのかけがえのない存在への畏敬の念を、生き身に運ぶ若者が育たねばならぬのである。そのために、教師自ら、修行の道に出よ。

パパラギ暴力（―中近東での翻訳を禁ず―）

パパラギ（パランギ）というのは、サモア島の言葉で白人（ヨーロッパ人）を意味するが、ここでいうパパラギは少し違う。西サモア、ウボル島の酋長ツイアビが、自分の国の人々に向かって語り、訴えた言葉が、ドイツに持って行かれて印刷され、本になった。その本の題目がパパラギなのだが、そこには、アメリカン・インディアンの指導者だの私だのがいつも語るようなことが書かれている。そこに書かれているような、パパラギ。そして、そういうパパラギを崇拝している人々――例えば、私達日本人――の中に在るパパラギが、ここでは問題になる。

一、パパラギは肌の色のことではない

この晩夏、アメリカに三週間、講演と黙想指導の旅をしたが、また新しい体験をした。そのうち一週間は、神父、牧師、修道者、修道女、芸術家、教授、労働者、軍人、役人、主婦など、あらゆる階層から参加した、四十人余りの黙想会（仏教でいう、おこもり）であった。ワシントン市から自動車で一時間位、ベリーヴィルという町の傍、ジョージ・ウォッシントンの妹さんが住んでいた家が修道院になっていて、その敷地の一部を借りての修行であった。

三つのことが私を驚かせた。私共の世話をしてくれた、そこの副院長は、前に私の黙想会に与ったことはあるが、私の日本の住居を訪ねたことは一度もない。それなのに私の住居の生活の在り方をちゃんと心得て

いて、自分達の修道院の聖堂では、それを体験させるのに足りないからと言って、牛小舎の二階の藁置場を、ミサの場に提供したのであった。藁アレルギーの人が三人居た為に、結局は、大工小屋を掃除して、そこを使うことになった。（ワシントンでは、私に会ったこともなく、日本に来たこともない、大学教授の神父が、私の住居の生活の仕方について、正確な論文を書いていた。）

また、黙想者の為の家は十分広くないために、全部女性に与え、男性はみんなあちこちの天幕に散らばった。大雨が続いても、どこからも苦情が漏れなかった。

もう一つは煙草のことである。私は禁煙については、一言も言わなかった。然し、一週間の間、誰も煙草をすわなかったし、どこにも煙草の臭いはしなかった。帰り、飛行場迄、自動車で送ってくれた政府の仕事をしているという音楽家も驚いていた。不思議なことだった、と言った。

三つ目は、その一週間、一度も肉を食べなかった事だ。私は何も言わなかった。

私は、禅の接心をやりに行ったのではない。

禅の接心ですら、煙草の臭いが何処かでするものだ。

その後の一週間も、修道女の所での黙想会であった。行ってみると、彼らの聖堂では、皆坐っていた。神父も坐ってミサをあげる。坐布はともかくも、坐り腰掛（十二、三センチの高さの足が左右についている狭い板で、脚を板の下に入れ、尻を板の上に置く。外国人用のもの）があるのを見て驚いた。

「これ、どこで手に入れたの？」

「今、どこでも使っていますよ」

ここでも肉は、一週間一片も食べなかった。だしにもなかった。ここの附属の一人の神父だけが煙草をすっていた。

三週間の間、私が体験したのは、いわゆるパパラギの世界ではなかった。彼らは、私にあわせてそうしたのではない。新しい考え方も含めて、存在に生きるという新しい生き方を、真心を以て望んでいるのである。パパラギの問題の本質は、肌が白いとか、目が青いとかいう事にはない。

二、パパラギの由来

どの文化伝承でも、ことば、というものに、その秘密があらわれている。ことばの由来を深く探ることによって、その伝承の核に在る心が見えて来る。パパラギ伝承も例外ではない。

東洋で働きたいと希望して、実際に働いて来たパパラギ達や、パパラギとなった東洋人達を再養成する機関（だから当然パパラギ的なのだ）がマニラに在る。そこで、禅の話をしたことがある。禅と言っても、近頃流行の禅とは関係なく、また禅仏教だけの禅でもなく、どんな宗教伝承も、それなしには宗教とは言い得ない、dhyana《ディヤーナ》（禅定）* の境涯についてであった。梅咲いて梅の如し、という眺めが、どんな風なものなのか、意識を超えたところでの、未生の手との出会いがあとになって気付かれる機縁とはどんなものなのか、そんなことを、二時間近くも話した。すると、あるパパラギが手を挙げて言った。

「先生、それで結局、禅とは何なのですか」

そうなっては、もう完全に白けである。私は笑い乍《なが》ら、冗談に、禅の定義を与えた。すると、彼は言った。

「よくわかりました。どうもありがとうございました」

*（著者注）通常「禅定」と訳されるが、著者は禅定という言葉の概念にとらわれて理解されたくないためにdhyanaとしている。

これがパパラギなのだ。

パパラギは、定義が好きだ。例えば、人間は「理性的動物」だと言う。「理性的動物ではない」というのも同様に、いや、それ以上に正しいなどとは思っても見ない。人とは霊止《ひと》（或いは、火止《ひと》）なのだなどと言えば、笑い出す。霊止《ひと》ということばのひびきに、存在の神秘を感じることなどはあり得ぬ事なのだ。

定義に使われる言葉は、「霊止《ひと》」などという存在のひびきを受けとめている言葉ではない。人とか動物とか男とか女とかいう、理念言葉、観念言葉なのである。人間の自然意識に呼応し、自意識に直結する言葉である。ある意味とそれに似通う意味群だけを運んでいる言葉である。かけがえのないこの太郎、この花子、などは問題にならない。太郎も花子も人間である。太郎も次郎も男である。男も女も人である。人も犬も生物である。パパラギは、こういう言葉で分類、整理し、算術計算する。

いぶきのいは、いきのいである。ふきは吹くから来ている。風も、人間の呼吸も、かむい（隠れ身）なる御者の霊も、みな、いぶきである。聖書は、こういうことば――コトことば――で語られているのに、パパラギは、同じことばを、風、生命、霊と分類してしまう。そうしないと気がすまない。分類した途端に、いぶきの神秘を感ずる存在感覚を喪失し、存在の神秘への窓は閉じて自意識の抽象世界の主となる。

こういう自意識言葉の人間は、全部、自分の立場から人や事や物を見る。自分のようでない人間は駄目な人間と感じ、自分のように物を持たない人間は、憐れむべき人間である。こういう人間同士で議論をさせて見よ。必ず戦争となる。彼等は、同じ観念言葉を使いながら、自意識を主張するだけなのである。彼等が、それに価値を置いている言葉程、激しい戦争を起こさせる。自由とか進歩とか人権とか平和とかいう言葉がそれだ。

パパラギは、よい事をする心算《しんさん》で植民地を増やす。自分達が一番すぐれているから、自分達のような生活を拡げてやりたいと思う。それが、「真理を伝えよう」などと意識したら、尚更厄介だ。真理の名に於て、自分達の生活様式を強制し始める。真理の名に於て、世界中のパパラギ様式が、世界中に移植された。今、反省が、しきりに行われている。然し、本質は少しも変っていない。今や世界中の学校が、パパラギ養成所ではないか。そこでは、霊止《ひと》という言葉も、いぶきという言葉も、もう語られることはない。存在への畏怖から疎外された世界なのだ。

そこでは、常に、学問、という事が言われる。学問は真理を教える、と言う。真理と真心との関係は、何も言われない。知っている事だけが大切で、責任を以て生きる、という事は二の次なのだ。ところが、この真理というのが、皆嘘なのだ。例外は一つもない。彼等が真理というのは、存在の中に投げ入れた、彼等の執《とら》え方にすぎないのだ。存在自身の世界は、そんなものとまるで違う世界である。他人の世界を自分の自意識の立場から批判したのと全く同じ事を、事や物の世界に対してもしているのだ。この、事とか物とかいうのも、実はパパラギの言葉である。土も地球も物なのだ。水もH_2Oも物だ。かくて彼らは言い出した。土の中に、カリウムとか窒素とか燐とかを入れると、食べる植物はよく育つぞ。いろいろ分析、実験して、こういう見方に到ったのだ。大発見だ、という。神様になった心算である。成程、そうらしかった。所が、それを信じて十年同じ事をやった百姓は、自分の大切な畠や田の土が、ねとねとした変な物質に変っているのを発見したのである。土を物として扱った出発点から間違っているのだ。土は生きている。呼吸している。

パパラギは、未だに同じ事を繰り返している。そして、今でも、自分の間違いに気付かない。これが、パパラギなのだ。原子爆弾という悪魔の子が炸裂した時、一人のパパラギが大声で叫んだ。

「みんな、止めろ。何か重大な事が間違っている！」彼はアインシュタインという名であった。然し、この叫びの意味が、人々には分からなかった。「学問は正しいのだ」と彼らは考え続けた。馬鹿は治らなかった。

三、パパラギ体質

パパラギには、特異な体質があるようだ。慢性の病気なのかもしれない。自意識閉鎖症なのかもしれない。どの存在も持っている、その存在特有の存在感覚、というものがない。どの存在も、その存在であることの平安を持っているものだ。ところが、パパラギにはその存在の平安がない。何かをしていないと不安らしい。本当に存在すること、そのために、どのように存在するかということを思うのではなしに、自分自身に生きる事の意味を設定しようとする。生きるために、先ず目標を自分自身に与えたい。人や物に対してだけでなく、自分自身に対しても神であろうとする。目標の設定をしてから、目標到達の為の計画を練る。その計画を実行することが、彼の人生なのだ。此は、彼のいわば体質なのだ。

つまり、人間は、多層構造の不思議な存在であることを、全く想っても居ないようだ。人間とは彼等にとって、自意識でしかない。より深い層に向かって扉の開かれている意識層などということは、夢物語である。ところが実際に、人間の存在中心は意識にあるのではなくて、思わぬ程深いところにある。存在の中心が深みに移るにつれて、深みからの有難い光を受けるようになる。存在の、かけがえのない、一期一会のすがたを味わうようになる。全存在界の一期一会の中に存在し続けるようになる。

人間は本来そういうものであるから、自意識中心に生きることを余儀なくされると、存在の不安に追われて、常に考え、常に行動しないといられないようになるのであろう。

常に説明を求めるパパラギの性質の根には、どうやら、こういう存在状況の理由があるようだ。かくて、神学だの聖書註釈学だのを、猫も杓子もやるようになった。研究を十年位するとすぐ研究発表を始める。何かをしていないと生きている感じがしないのである。驚いた事に、この頃は、仏教界でもその模倣《もほう》を始めた。

四、パパラギ暴力

こういう体質を持った自意識人間は、自分の周囲に、自意識的世界を構築した。（鉄筋コンクリートがその象徴だ。）自分自身を、自我意識の牢の中に閉じ込めた。そのままでは存在が窒息する。その為にまた、明日の夢を追う。合理化が無際限に続く。人間存在そのものも、この世界に合わせて計量する。それが、産児制限である。理由がある。「子供の高等教育の為に」。親の顔からは、誕生をことほぐ喜の歌が消えている。生れた子は、自分の兄弟が殺された事を、存在の中に感じる。親の考え、行動、すべては存在のことほぎと関係がない。この言うべからざる圧力に、子供の存在が反抗する。パパラギは、この存在の反抗を暴力と呼ぶ。

生れた子はすぐにしっかりと抱いてやらねばいけない。然し、生れるとすぐ、病院の看護婦は何処かへ連れて行ってしまう。「看護学」という。親も洗脳される。「抱きぐせはつけるな」。生れてから、一年、二年、しっかり抱かれない子は、情緒不安定を内包するようになる。そのために、人や物とかかわることに弱く脆くなる。それがすべての歪みの温床である。

年齢が来ると、希望あるべき学校へ行く。ところが、学校はパパラギの押しつけの場である。おとなしくパパラギになってしまえ、と言うのか！　亡びてしまえと言うのか！

パパラギの偶像の一つに「数」がある。大量生産程よい。食料も例外ではない。人はスーパーマーケットに走る。そして、癌が増える。パパラギは、これを文明と呼ぶ。

速度で言えば、早いもの程よい。そして、存在の本来のリズムは忘れられ、存在が枯れてゆく。パパラギは、これを祝福だという。

パパラギが、自分達だけで、もがき乍ら暗闇の穴に落ちてゆくというのだったら、放っておくという事も考えられるが、パパラギは、すべての人間を、自分達と一緒に穴に引きずり込むのである。他人事ではない。原子爆弾にしても、彼らは自分達のことばかり考えてした事だが、地球全部に直接影響する事なのである。

パパラギ学問の嘘、それに裏付けられた技術の愚かさ、それらに支配された人生の空しさを悟るのが、そしてその悟りを生きるのが我々自身の基本である。然しそれだけでは足りない。我々自身、パパラギ文明に、とっぷり漬かっていて、一歩表に出れば、お経や聖書を読んでも、そこにひびいている響きを、生き身に受け止める事ができないような生活環境の中に生きて居るのだということを自覚せねばならない。その響きを素直に受けられるような生活にするための生活構造の変革が、必須条件として要求されているのである。

その変革は、産業革命や、フランス革命や、共産革命のような、パパラギ的革命ではあり得ない。彼岸の光に生きる人々の、遠いまなざしと根源的洞察に従って、的確に新しき地平への方向づけをして行かねばならない。

マスコミ受けする派手な演出かもしれないが、とに角、月に永久基地をつくる計画が発表されると報じられているような現在、我々は、パパラギ退治を、真剣に、緊急討議しなければならないのである。

先日、四人の修道女が祈りの指導を受けたいと言う。端座の部屋に待たせておいた。行って見ると、その内の一人が叫んでいた。

「はっきり抵抗しないのは、あなた方の罪よ!!」

この女《ひと》は、ローマで責任ある仕事をしているスペインの修道女だが、若い時から、世界中のあちこちに派遣されて、すっかりただのひとになっていた。そして、世界中到る処で、パパラギの暴力とそれへの無抵抗を歎いて人生を送って来たひとであった。

読経の声、いよいよ高からんことを!!

原発事故の背景

この宇宙の存在で、独立して自分だけで存在しているものは一つもない。それは互いに世話になっているという意味だけではなく、存在そのものが他の存在群から孤立していることはあり得ないのである。宇宙の存在はすべて存在として互いに含み合っている。男性的原理（陽）と女性的原理（陰）とは互いに相即するものであるが、それより更に普遍的に、たとえば私が一輪の花をながめ愛でるとき、花と私とは切り離すことは出来ない。認識者と認識される客体というように分けて考えるのは、私達の自己中心の意識がそう把握しているにすぎない。

科学における観察者と被観察体との区別は、意識中心的抽象的区別にすぎず、その区別を論理的に固定し、そこに、論理的操作や、現代物理学で用いるような複素数（$1+\sqrt{-1}$）、その他の数式的道具をいくら適応しても、出てくるのは、ある種の相対的出会いであって、存在の全貌などは現れて来る筋合のものではないのである。

「白い人々は原子を知っていると言う。しかし原子の向うに何があるかを知らない。つまり原子を知らないのである」（アメリカン・インディアン指導者ブラックエルク）

広島の原爆投下の結末を聞いたとき、アインシュタインは叫んだ。「何かが根本的に間違っている。すべての探究をすぐ停止するように！」晩年、物理学的には保守的発言もある彼だったのかも知れないが、この叫びは正に原爆研究提案者の痛みであった。

知り尽くしていることは実現することが出来るだろう。人間を含め、含み合うかけがえのない存在達の充満している宇宙、不可視体を含めた宇宙を、人間は起こし得る、とでも錯覚しているのであろうか。まこと（真事）とは、それに対する人のまこと（誠）に呼応して現れる現実の姿である。

人間の単なる好奇心に対して現れるものは、まこと（真事）たり得ない。科学的真理などというものは本来あり得ないことなのである。「理論は正しいが応用が間違った」というような発言をする人々は、ちえの光を以て存在をながめることを知らぬ愚か者なのであって、こういう愚か者には勇気ある態度は無縁であり、世間に迎合する筋合である。学者とか科学者とか呼ばれる類である。真理は一つの客体ではない。たずねる者の心の動機とひびき合うものである。

原子の神秘の中に、いろいろの道具をねじこんで、そこでの出会いを求めていたとき、一つの魔的な動機が忍びこんだ。そして突如魔的な予感を呼んだ。そして人間のこの魔的態度に誘われるように一つの根本的大爆発が起こったのである。それが原子エネルギー爆発と呼ばれる、自然の中から人工的に突出した異形物である。

私は戦時中、暁《あかつき》部隊の対潜水艦部隊に所属していた。甲子園の聯隊《れんたい》本部で、広島に異様な爆弾が投下されたと聞いたとき、私は原子爆弾だと直覚した。私は友人から仁科《にしな》研究所でもアメリカでも並行してこの爆弾の可能性の探究中であること、間もなくイエスかノーかの答が出る筈であることを聞いて、ノーと出ることを祈っていた矢先だったからである。

アメリカの原爆製造所における爆発も、一年前のソ連のチェルノブイリ原発事故も、その他数々の事故が、原子は何なのかを知らないことを証ししているが、根本的事情は少しも変ってゆくことはない。魔的奉仕の中での人間倫理性の低下と共に、事故の頻度は増加してゆくだけである。

人工的に異形物を突出させた魔的態度は今も健在であって、原爆投下以後何の変化も見せていない。広島への原爆投下が重大な事件であることは、アメリカ政府筋もよくよく承知であった。だから多くの有識者の署名を求めた。署名を拒否したのは一人の海軍次官のみであった。

投下承諾の理由は「一度投下すれば人類は二度とこうした原爆を使用することはないであろう」というのであった。この理由は真正なものであり得る筈はないが、もし本気にそう考えていたのならば、何故原爆を造り続けたのか。この根源的異形爆発を起こさせた魔的動機は今も政治経済文化のあらゆる分野を支配している。

原子力発電所というのは、原子爆弾の材料の製造所である。アメリカでは人々もそのことをよく知っている。だから人々の反対で原発を造ることが出来ない。そこで輸出を決定した。六〇から七〇のプラントを第三世界に出しているが、そのうちの三三を日本政府が引き受けたのである。一九八七年四月十四日、私は半日、国会予算委員会の討論を聞いていた。それは一九七八年の核密約に関する答弁に関するやりとりであり、外務大臣はじめ担当官が核についてのアメリカとの密約はありませんでした、と繰り返していた。では何故、有名な政治経済評論家のT氏に「きれいなエネルギー」の宣伝をさせるのか？　何故、元国鉄の駅に「美しいエネルギー」のポスターを貼るのか？　何故エネルギー危機を訴えたのか？

悪魔憑きは、闘っている限り救いへの道はある。しかし想像と観念に安住して、人間の根に根ざすことを忘れている限り、魔的力への奉仕は不可避である。反共、乃至、反帝国主義という錦の御旗一つで、駆り出されてしまうのである。そしてただ破滅へと急ぐ。

「一つの大国（?）の核の傘の下に日本の安全を全うする」というようなことはあり得ないことを知らねばならない。本質的に魔的発想なのである。

なみだの海に消えず立たなむ

正当防衛という名の武力

武装化というものを社会現象としてとったときは、いろんな正当化する理由が可能だと思いますね。今まで武力化とか戦争とか言われたことの中に、正当防衛とか個人的正当防衛とか集団的正当防衛というのが、戦争とか武力を正当化する理由として挙げられました。例えば、自分の身を守るためにピストルを持ってもいい、という思想ですね。こういう思想は非常に子供っぽい野蛮な思想で、人間らしいとは言えない。キリストの十字架を担おうというカトリック教会ですら、集団の正当防衛のための武力というのを認めました。私はこれについては再検討すべき問題だと思っています。これは福音的思想とは関係がないでしょう。キリストはペトロが刀を抜いて守ろうとしたときに、「さやに収めよ」と言って、自分は十字架にかかったわけでしょう。これが平和への道だと。

正当防衛のための武力という思想に比べて、全く武力を持たずに、光は光、どんな良い理論の仮面をかぶっても自我の主張は自我の主張、というのが本来の人間の立場なんだ。それを貫くところにしか平和というものへの道はないんだ、という根本的な思想が、本来の人間の思想なんですね。

これは東洋的にはそうなんですが、私は日本の第二次大戦の悲劇というか、幻想というものをもろに体験した人間で、日本人として非常に発言しにくいところがあります。

ヨーロッパというところは、どこに行っても鉄砲の玉や砲弾の跡がある。そういうところですけれども、私はドイツに行ったときに驚いたことがありました。それは中世の教会をいくつか訪れたときのことです。驚いたことは、そこに描いてある顔がみな東洋的なんですね。そして雰囲気がなんか仏教のお寺に似ているんです。

一番びっくりしたのは、私が泊まった人の家に、名前を忘れてしまったんだけれども、イタリアの博物館にある、懐胎したマリア様の絵のコピー、写真が貼ってあったんです。そのマリア様の顔は日本人とそっくりでした。

おそらくヨーロッパ人の顔は中世のときからずいぶん分変わってきているんだと思います。態度も今のようなパパパッ、というような会話の仕方ではなかったんじゃないかと思います。それを前から感じていたのは、あの時代の民謡ですね。普通に歌う歌、恋愛歌は、今の教会で歌う聖歌よりもよっぽど宗教的です。僕は十三世紀頃の歌を聴いたときに、これが中世の民衆の雰囲気だったのか、と驚きました。

それが近世、人間が自由になったときに人間中心になって、人間の自由というのを、なんでも人間の立場から考えるということと履き違えてしまった。それは、中世の悪いものから抜け出る、権威の束縛から抜け出るという必然性はあったんでしょうけれども。しかし、科学でさえ最初は、神秘との出合いを深めるという環境でしたよね。わかろうとする態度はありましたが、アルキメデス以来、わかることに絶望したときに、パッと何かと出合う、こういう伝承が科学の中核にある伝承でした。

そして近世から現代になるにつれて、ますます、人間はなんでもわかるのだ、何でもコントロールできるのだというような自己中心のエゴイズムが固まってきた。このエゴイズムが集団的エゴイズムにもなり、自分達は優れている、科学的、技術的なものを持っているから優れているという錯覚に陥り、植民地化時代に突入していくんですね。それで本当に素朴な生活を見て、自分たちのような技術を持っていないから、鉄砲を持っていないからみんな野蛮である。だから自分達のために使うことがいいことだと、その土地を取り上げたり、自分達の考え方を押しつけたりした。

そういう世間的な歩みの傍らに、宗教の、カトリックの教会とかキリスト教の古い伝承という、つまりそれとは全く違う地下流もあったんですね。だから簡単にキリスト教を断罪できないところもあります。しかし断罪するところはしなくてはいけない。今、教会が植民地化的な運動、エゴイズムと一緒に動いていた動きに対して、はっきりと公に謝罪するときがきているのです。

例えば十字軍ということにしても、本当に宗教的動機と十字軍が両立しうるのかということについて、根本的に反省するべきですよ。そうしないとキリスト教というものの本来の姿、要するにイエズス様の福音の姿というものは出てこないでしょうね。不思議なことに十字軍の最後の戦地は、シルクロードの土地でした。ヴェニスの商人が背後にいたということは、イタリアや欧米では既に常識になっているよ、と聞かされたことがあります。

エゴイズムというものと優越感っていうもの、これが神学というものにも影響して、戦争の美化、武力の正当化、ということにも影響し得るでしょうね。

そこで問題になることは、私たちが正当化というものを受け取り得る地盤をもっているということです。もしそうであれば、平和は絶対にこないし、原爆戦争の危険ははっきり残ると思います。正当化するということは非常にやさしいことで、ことにマスコミでは非常に洗脳しやすい。これは湾岸戦争をみてもはっきりしています。

現在のように経済というのが技術化し、物質的に量が拡大していったときには、軍需産業というものは、経済の中で自然的にある位置をもってきます。アメリカの軍需産業に関する最近のデータはありませんが、日本について言えば、ある大きな企業の軍需産業比はすでに十三パーセントだといいます。十三パーセントになったらもう無視できません。武器を作らなければ成立しなくなっている。つまり、戦争をどこかで起こさなければ成立しない経済ということなんですね。そういう構造なんです。

これがもっと大仕掛けなのがアメリカの場合。ことにアメリカの経済が落ちていった場合、一番危険なのは軍需産業に頼ることですね。大仕掛けな戦争をすること。こういう基本の構造をどうやって崩していくかという問題が、本当の問題だと思います。

犠牲になった人の痛みを知ること

今までの集団的エゴイズム、あるいは自己優越感、あるいは物質化した経済、量化した経済、軍需産業を必要とする経済、こういうものの延長には、人類の未来は絶対にありません。これからの世界の新しい道付けができるのは、逆にこういうものの犠牲になった人たちの痛みです。そういう痛みが将来の人類の基礎となると思います。

私のところに広島の被爆者の代表の方が来られて、もうじっとしていられないので、平和運動を始めたいと言われました。原子爆弾を落とされた最初の土地、広島を基点として平和会議をずっとやりたい、と言うのです。しかしそのような発想法をした場合、私はそれだけではまたエゴイズムにつながると思います。あるグループの運動にしかならない。そうでなくて、ことに今、声を出さない人々、一番苦しんでいる人々の痛みを分かち合うこと、そういう人々と手を取り合うこと、それが一番の基本だと思います。

私共の高森草庵には、歴史の中で忘れられている暴力、エゴイズム、武力の犠牲者になった人たちの慰霊碑があります。どこの国へ行っても、キリスト教でも自分たちの英雄は慰霊する。自分たちの国民は慰霊する。だけど自分たちの国民が殺した人々、忘れられている人々を慰霊するところはない。公に。これでは平和は絶対に来ません。

今度広島の方たちの具体的提案の中にそうだそうだと思うことがあります。それは合同慰霊祭ということを提唱されたことです。これはまさに高森で始めたことです。それはやらなければいけない。全ての関係者が、犠牲になって忘れられていく人々を、本当に慰霊するということをまずやらなければいけない。こういう心が深まることによって、武力的なものによるコントロールの空しさというものを、自ずからに私達は存在の中で思い出すはずだと思います。それが人類が未来に生き残る唯一の道だと思います。一番歴史の中で忘れられている、一番隠れた、一番苦しんだ犠牲者を、今まじめに思い出すこと、これが出発点です。

高森草庵の慰霊林の碑の下に刻まれたことば
「第二次世界大戦時、侵攻日軍により虐殺された中国同朋犠牲者の霊位」

台湾で私は、原爆を広島に落とすかどうかを決定するときの会議の話をしました。あのとき反対したのは海軍のジェネラルの一人だけで、あとは落とすことに賛成したんです。その理由は、人類は一度経験したら、二度と繰り返さないだろう、という理由でした。だからそんなのは理由にならない。一度落としたらまた落とすんだ、という話をしたときに、一人の中年の婦人が手をかかげて、叫びながら私の演壇に走り寄ってきました。「日本人はもっと残酷だったあ」って泣きながら。恐らく自分の子供は全員殺されたんでしょう。

私達はそういう痛みを知らないんです。私たちがすべきことは、その痛みを本当に知ること。その痛みの叫びを本当に受け取ることです。それがなければ原爆反対をいくらやっても、意味がありません。だからどの国でもどの人々も自分達がやった、幻想の中に巻き込まれて自分達の同胞がやったことによる犠牲者を、本当に慰霊したい、そういう涙と祈りを持たないかぎり、人類に未来はありません。

ドイツでは、戦争時代にした悪いことについて、今みんなが痛みを運んでいます。そして事実を今になって、もっともっと深く発見しています。これは人間として当然なことです。フタをしていくんじゃなくて開けていく。日本はそれをやっていない。

数年前、私は上海に行きました。そのとき友人の紹介で香港から上海の中国赤十字の責任者宛に電報を送ると、責任者や通訳の人が空港に出迎えてくれました。目的は何かと問われたので、「二つある。一つは南京虐殺の真相を確かめること、もう一つは私自身の病気を治すこと」と申し上げたら、先ず病気治療をすることになり、治療が一段落したところで南京を訪れました。

僕は戦争中、中国へ行ったことはありません。戦争中の僕の仕事は、兵隊を輸送する輸送船に乗って、船底でアメリカの潜水艦を捜すことでした。だから南京虐殺について、ひどいことをやったもんだな、と人ごとのように思っていた。

南京では三人の生き証人に会いました。一人は川に死んだ真似をしてひと晩浮いていて助かった人、一人は自分たちが掘った穴の上で首を斬られる寸前に前に倒れて、下にいる人の服を首にかけて、首がないように見せかけた。そしたら上から銃剣で何度も刺されて、それでも翌日友人に助けられた人でした。

彼ら三人の話をそれぞれの口から聞きました。日本人が来て、これから戦争の準備をするから手伝ってくれと言われて、大きな穴を掘らされた。掘り終わったら首を斬られてみんなその穴に投げ込まれたそうです。

それを田舎の村でずっとやってきた。そういう話を僕は聞くに耐えなかった。でも僕らはそういう痛みをいただく機会さえない。中国へ行った日本の若者は何も知らなかったので、これじゃあいけないっていうことで、南京虐殺の記念館を作ったらしい。過去を認識してもらう意味でね。憎しみからじゃない。

現在、エゴイズム、武力、幻想的操作、そういうものの犠牲になっている一番の中心の場所は、中南米と中近東と北アフリカと極東です。現在、犠牲になっている人がたくさんいるわけです。過去だけじゃありません。過去に犠牲になった人の痛みを運んでいる人、現在痛みを運んでいる人が、何かつながりをもたねばなりません。手を取り合わねばなりません。

人類の未来につながる道を

現在、平和運動をしよう、武力化をおさえよう、という動きがあちこちに出てきています。いいことだと思います。しかし平和を実現しようとするときに大事なことは、あまりに言葉が先行しないこと、あまりに組織が先行しないことです。まず、本当に苦しんでいる人の痛みの認識が現実化すること、それが先行すること。そして祈りが先行すること。これなしに本当の道は開かれないでしょう。

だからこれからの具体的道を開けるのは、いわゆる組織的アレンジメントとか、一つの思想的コントロールとかいうものによってではありません。犠牲になった人たちの心の痛みを知り合うことです。そういう人々が響き合える一つの場を作っていかなければならない。いかに政治的なものによる戦争操作というものが空しく残酷であるかということを、もっとみんなが自覚しなければならない。

高森の慰霊碑に「限りなきなみだの海に消えず立たなむ」とあります。限りない涙の海に消えずに立ち続けていよう、というのです。この痛みを受け取ることによって初めて、武力の空しさというのがわかってくるはずです。

そういう立場にある日本が、一番緻密な原子爆弾製造所なんですよ。僕の知るかぎりでは四二基〔一九九二年当時〕の原発がある。あそこにたまるものをちょっと操作すると原子爆弾になる。日本は軍事基地化の拠点なんです。原爆を落とされただけじゃない。原爆の基地を提供しているんだ。原爆戦争になったら第一線は日本だよっていうことなんですよ。

だから武力とか自衛隊とか、そんな小さな問題じゃないの。戦争しないから憲法に違反しないとか、そんな問題じゃないの。ある大きな一つの策略によって動いている黒いもの、それを認識すること。そういうものと歩調を合わせて歩かないこと。悪の味方、悪魔の手先にならないこと。人類を救う方向に道を開く国になること。それが大事です。

もし日本が技術を持っているなら、どの国に対しても、軍需産業に使うのなら、発表しないよ、助けないよって操作することができるのです。その技術自体に価値がないということをこれから学ばなければいけないんだけれども、それが一番大事な事だけれども、少なくとも現在の段階において、そういう立場にあるのに、なんで黒いものにまかれているのか。戦争は終わったんだから、もう日本は独立国として歩むべきです。そして自分の判断で平和の道を行くべきです。アジアであれだけ残虐なことをやった国民が、また武力を持つ資格はありませんし、いわんや原子力のようなものを持つ資格はありません。

私達は今までやったことを自覚すること。そして本当の人類の未来につながる道を選ぶこと。それは現代文明、現代科学の延長上にはありません。終わりなんです。断崖絶壁にもう落ちているんです。それと結び付いた経済は崩壊していくんです。これを自覚するかどうか。だから僕は前から今年は正念場の年だよ、日本が生き延びるかどうかの正念場の年だよ、と言っているんですね。

今までは教育、企業、政治、経済が結び付いていた。そういう結び付きを一切断って、小学校から自給自足して農業をし、漁業を学び、その中で勉強していくような新しい道行きを始めること。それだけが生き延びる道なんです。

西伊豆は、いい港町、漁港だった。ところが今では、現役が四隻くらいしかない。最近やめた船長さんに「どうしたんですか」って聞いたら、「乗る若い者がいなくなっちゃったんだ」と言っていた。まだ使える船がそのまま遊んでいるんだ。日本にはそのまま使える田んぼや畑が遊んでいるんだよ。もう使えないかもしれないけれど。やる人がいないんだよ。嫁にくる人もいないんだよ。またそれとともに日本の伝統文化の跡継ぎもいない。日本は滅びるんだよ。だから滅びないためには、小学生、中学生は今の学校を全部やめて、そういうところに来るべきだ。そしてその土地を耕しながら勉強したらいい。それを今、やるかやらないか。やらなければ日本は永遠の悪名をもって滅びるだけです。この国は永遠の悪名の国として残るだけです。

慰霊林の由来——動機と社会的構造

西欧のキリスト教（ギリシャ文明・ローマ文明の影響下に在る所）の土地を歩いて、戦争の跡が多く検証されること、国境が小さい国々に分かれていることなどを目前にすると、人間的意識の中で「守ることの大切さ」が、おのずからに固定するのを感じる。

中近東辺りの十字軍の戦争跡の村々で、その時代、時代の家宝を見せられると、キリスト教時代の宝物はキリスト教の宝物、回教時代の宝物は回教の宝物である。「いわゆる宗教」と「政治的軍事的力」と「財産力」とがごちゃまぜになって一つの時代の社会を示している。

このような巡杖《じゅんじょう》の中で、ヨーロッパの色々の聖堂で戦争犠牲者の名をつらねた祈禱の場にも出会ったが、一つ不思議だったことは、戦争の相手国の犠牲者のことが表現されているのに出会ったことがないことである。それは、私には、そこは宗教の場所ではないことの証しであった。

高森草庵の慰霊林にある、幼きイエスを抱くお釈迦様のご像

戦後フィリピンに行った時も、台湾や中国に行った時も、私の心が先《ま》ず求めたことは、そこの民の怒り、憎しみとじかに出会うこと

だった。そこで戦死した友人に出会うことと同時に。

「日本兵が母親から乳のみ児を受け取って天にほうり上げ、銃剣突き刺して母親に向かってニヤッと笑った顔は決して忘れられません」というフィリピン婦人の告白に会い、また台湾での講演で原子爆弾の残虐性にふれた時、「日本人はもっと残虐だった」と叫びながら、講演台に走り寄って来る中国婦人にも出会った。

日本の高森で無一物の修行の道を歩み始めても、私の祈りの歴史は同じであった。

慰霊林はその道行きの中で、おのずからに生まれたものである。

在る日、私はその慰霊林でフィリピンの婦人に出会った。彼女は号泣していた。彼女は日本人を赦せない思いが余りにも重く続き、そこからとき放たれるため、日本を訪れて、私の霊父たるドイツ人神父の許《もと》に赴いた。そして高森にやって来たのだった。

彼女は私に言った。

「今、私は赦せます」

彼女の涙はとどまることを知らなかった。

私も泣いた。

私たちは、同じ一つの限りない洞《ほら》の中に居た。

慰霊林はこの洞の中で生まれていたのである。

《コラム》 高森の慰霊林

宮本　久雄

人間の義《ただ》しさとは、どのようなこと（言葉や出来事）を通してあらわれるのであろうか。それは宗教性の深い、その深みからの眼差しを通して、言《ことば》となってあらわれるのであろうか。

「慰霊林の由来」（「草庵だより」二〇〇一年十二月）に、目を釘づけにする押田師の言がそのことを告げている。「このような巡杖の中で、ヨーロッパの色々の聖堂で戦争犠牲者の名をつらねた祈禱の場にも出会ったが、一つ不思議だったことは、戦争の相手国の犠牲者のことが表現されているのに出会ったことがないことである。それは、私には、そこは宗教の場所ではないことの証しであった」。

昨今わが国で戦歿《せんぼつ》者の慰霊、追悼、顕彰に関して多々言論が沸騰している。そこでは中国、韓国からの戦争責任論に反発する感情的な声だけが他を圧しているようにみえる。

その現象は一まずおいて、ことの叡智的深みに思いを潜めてみたい。そのとき如上の押田師の言は千《せん》鈞《きん》の重みをもつ。

その言のしるしとして高森草庵のうらにひっそりと慰霊林が今日も立っている。

そこには、

一、日本政府の植民地政策による韓国同朋犠牲者の霊位

二、第二次世界大戦時、侵攻日軍により虐殺された中国同朋犠牲者の霊位
三、第二次世界大戦時、侵攻日軍により虐殺された比島同朋犠牲者の霊位
四、第二次世界大戦時、侵攻日軍により虐殺された東南アジア同朋犠牲者の霊位
五、文明的野蛮人により抹殺された少数民族同朋犠牲者の霊位
六、広島、長崎の被爆者の霊位
七、高森家族の霊位
の慰霊碑が立っている。

日本人の義の根源とはこうした慰霊の心であり、大義とは世界の心に響くこうした祈りであり、普遍的（カトリック）とは人の愛憎を済度しようとする天父の心への回心であり、感謝であり、覚悟であろう。この慰霊林は押田師の巡礼の生涯の言であり、それが現代の分裂する人間の和解にとってどれほど預言的なことであったか、しみじみと思わざるをえない。

この慰霊林と共に筆者の心に一つの墓石の面影が深く刻まれている。それはシンガポールの日本人墓地に在る。チャンギー刑務所で刑死したＢＣ級戦犯の墓ともいえない一柱であり、「殉難者納骨百三十五柱」とだけ書かれた一尺にもみたない細い石柱である。その隣りに、名もなく異郷で亡くなったからゆきさんたちの墓が共にひっそりと在る。

合掌

（みやもと・ひさお／本著作選集編者）

《寄稿エッセイ》九月会議の息吹き

葛西　實

一　課題

一九八一年九月二十三日から三十日の高森草庵における九月会議は、押田神父の悲願であった。鈴木格禅《かくぜん》師と私とがその願いを共有し実現されることとなったのは、私にとっては一つの奇蹟であった。それを想起する度に、驚き、感謝の念にうたれている。この思いは、参加者の多くの人々に共有されていると思われる。その一人が、マレー・ロジャースである。

幸いなことに、その証言として、『九月会議』が残されている。地域的には、韓国、中国、アフリカ、メキシコ、英国、アメリカ、カナダ、インド、バングラデッシュ、日本、宗教的には、ヒンドゥー教、イスラム教、仏教、キリスト教、アメリカン・インディアン（赤い人々）の宗教、年齢的にも八十代を筆頭に、六十代から四十代にわたっている。参加者に共通していたのは、今日の状況の痛みにうたれて、発言、行動してきたことである。

この会議の課題は、世界の自滅的動向を明確にし、その突破口を模索することであった。一人一人の発言には、独自で心をうたれるものがあった。この過程で驚いたことの一つは、参加者の多くが、それぞれの参加者の問題提起を自己の問題として受けとめ、誠実に理解しようと試みていることである。結果的には、相互の関わりを大切にして、相互をかけがえのない同志として意識し、相互から学び、その過程で、共有の課題が次第に明確にされてきたことである。その点について鈴木老師は会議の早い段階から意識し注目していたが、そうしたことが起こるのは参加者のそれぞれが自己の宗教的伝統の根元に生かされているからであると判断されていた。参加者はヒンドゥー教、キリスト教等の多様な背景をもっていたが、不思議と深い関わりが生まれ、問題を共有し解決しようという兄弟的意識が培われた。多様性の統一というものは彼らの間にはなかった。

具体的な例をあげると、咸錫憲《ハムソクホン》の「歴史の意味」における、国家主義の下では戦争は必然的で、戦争によって人類は滅亡する、現在の文明化した宗教は国家主義と密着して一体であるという指摘は、日本の植民地支配の背景からのきびしい問題提起であった。質問を通してその真意は明確にされ、共有の問題として深く受けとめられた。しかしながら、日本の韓国との和解と創造的共生の問題を課題として受けとめられなければならないとのことが、より明確にされた。

ブラックエルクの「世界の地下牢から」における「キリスト教と軍隊と科学はいっしょになり、私たちを踏みにじり、私たちの土地を盗みとった」との指摘は、咸錫憲の問題と重ねて受けとめられた。過去の負の遺産をどう受けとめるべきかは、一つの根本的問題である。ブラックエルクはスウェットロッジを用意してくれた。その儀式のなかでは赤い人々の生命の根元に包まれる思いがしたが、同時に、運命のきびしさを想起させられた。ブラックエルクの「あほう」という挨拶には一瞬驚かされたが、自分の分別から解放される思いがした。しかし同時に、いまだにアメリカン・インディアンが置かれている状況を思うと、悲しい思いをぬぐいさることが、どうしてもできなかった。

A・K・サランの「現代の危機の根本問題」は難解で、容易には理解されないのではないかと心配していたが、質問、討議を通して次第に明確にされてきたことは、無限に祝福された現実に生かされているにもかかわらずその現実を否定する宗教と近代化の傲慢であった。M・ガンディーのインドの自由・独立運動は、その自滅の傲慢からの解放運動であった。公開の祈りの場で祈りの為に集まっている人々の目前でガンディーがバラモン階級のヒンドゥー教徒によって射殺された理由は、彼がインドの進歩と文明化への道としての近代化に根本的に批判的であったからである。

神によって与えられた祝福された現実に生きる道は、神をひたすら求め、神と共に、神にあって生きることである。それがインドの生命線である。ガンディーの心に燃えていた生命の炎は、サランの心に点火されたのであった。

サランの祈りを受けとめてくださった山崎ヨキさんの言葉は、私の心に生きている。サランにとっても、九月会議は忘れることのできない出来事であった。

ナラヤン・デサイの「ガンジーなきあと」には、運動としてのガンディーのインド自由・独立運動の一端が生き生きと描き出されており感動したが、残念なことにガンディーの自由・独立運動がインドのみならず、英国、世界のための運動であったことについては触れられなかった。デサイはこのことを明確に理解していたからである。幼児期からガンディーの下で、そしてガンディーの分身といわれていた父親、父親を支えている母親の下で育てられたデサイが九月会議に参加したことは、一つの天与の祝福であった。

こうした一連の講演によって目が開かれる思いがしたが、さらに驚いたことは、押田神父や高森草庵の家族が美しい大地や自然と一体となっていることの上にこの九月会議が実現していることを、参加者の多くが意識し、感動していることであった。この高森共同体は、「聖なる息吹きに、とらえつくされて火となっている」——それは、マレー・ロジャースの言葉に端的に示されている。「参加者の一人として出席を許されたことは、私の人生における強烈な印象として刻みつけられています！　神からのすばらしき贈り物です！……『あのような集い』がいまだかつてあったでしょうか？」。

マレー・ロジャースは、その発言が注目されてしばしば国際会議に招聘されていた。

「九月会議」は「地下水を求めて」という主題でNHKで放映された。そのドキュメンタリーの最後の場面では、ナラヤン・デサイのインタビュー（厳密に言うならば、ナラヤンと私との対話からの抜粋）が収められた。ナラヤンは自分の発言を祈りとも言える歌で締めくくった。彼の親友の一人が、広島、長崎の悲報を聞いて悲痛な思いにうたれ、それを詩に託して残しており、それは私たちインド人の思いでもあるので、それを歌として広島、長崎の被爆者に伝えたい、と。彼が歌い始めると、驚いたことに、高森の大地、空、森が共に唱和しているように私には思われた。そして、その唱和の歌声は、渕の彼方から生まれそこに帰るかのように一つの反響を残しては消えたが、全体が夕べの静寂のうちに包まれた。

神よ、地上に平和を！
悲惨なものは全て葬り、地上に平和を！
悲しみの叫びは今、地球のすみずみからきこえ、
数知れぬ人々が飢えと寒さで死んでゆく……
そして今、分裂した原子が
人類の滅亡をねらっている……
ああ、地上に平和を！

ＮＨＫで放映された「九月会議」を初めから終わりまで見た鈴木老師は、結論ともいうべきナラヤンのこの出来事では涙を抑えることができなかった、と私への手紙に書いてくださった。私はその鈴木老師の存在の重さ――存在を正視し、存在に生き、存在となる――に圧倒された。

二「限りなきなみだの海に　消えず立たなむ」

「九月会議」の実現は、押田神父の長年にわたる出会いと対話の広さ、深さを反映しているが、私にはそれは押田神父の高森草庵の祈り――限りなきなみだの海に　消えず立たなむ――の一つの結実と思われる。

高森草庵とのかかわりの当初から三つの息吹きについて、すなわちインドの息吹きであるＭ・ガンディーのインドの自由・独立運動の息吹き、私のインドにおける三人のキリスト教の先達――マレー・ロジャース、アビイシクタナンダ、Ｒ・パニカー――によるインドの真理追究の息吹き、そして押田神父の高森草庵を通しての日本の息吹きとの出会いについて考えてきた。これらの息吹きのなかで共有されていたのは、シアトル・チーフ（アメリカン・インディアンのシアトル酋長）の手紙における危機意識である。押田神父は、そこに示される、神に祝福された状態が白人に破壊されることによって世界の自滅をもたらすとの正確な預言的洞察に驚き、かつその心情に触れて涙した。

いずれにせよ、それらの息吹きにおいては、今日の自滅的な歴史的、社会的動向に対する危機意識とその突破口となる、真理としての神の追究が共有されていたのである。常にそれらの息吹きや真理としての神追究の根底にあったのは、「限りなきなみだの海に　消えず立たなむ」との押田神父の祈りであったことを忘れてはならない。

九月会議後、インドのチプコー運動（インドの森林を守るための環境運動）の指導者であるS・バフグナ夫妻は草庵を訪れたが、その時、押田神父の祈り――限りなきなみだの海に　消えず立たなむ――は、ガンディーの祈りであり、私の祈りであると指摘された時の感動を忘れることができない。

R・パニカーは、九月会議後、初めて高森草庵を訪れたが、押田神父との出会いと対話を通して、マレー・ロジャース、アビイシクタナンダと同様に、押田神父と深く結ばれることになった。別れの時の光景を忘れることができない。高森家族の全員が手をふって別れを惜しんでいたが、パニカーもレインコートをふってそれにこたえていた。押田神父の慰霊林の祈りはあらゆる息吹きに共有される祈りであった。

「九月会議」の息吹きも、このインドの、日本の息吹きに共鳴していると思われる。

（かさい・みのる／国際基督教大学名誉教授）

《寄稿エッセイ》押田成人神父との出会い

細川　俊夫

私はヨーロッパのクラシック音楽の流れを汲む現代音楽という領域で、作曲活動を続けています。幼少の頃からピアノを習っていた私は、十代にクラシック音楽に夢中になり、中学生の頃、武満徹の音楽を聴いて、こういう新しい音楽を創る作曲家になりたいと思い始めました。そして日本で音楽の基礎教育を受けた後、二十歳の時にドイツのベルリンに留学して、そのまま十年間ドイツで留学生活を送り、その間に、ヨーロッパの音楽界において私は作曲家としてうまれ、音楽活動を始めることとなったのです。それは一九七六年からの十年間で、まだベルリンには東西を遮る厚い壁が存在していた時代でした。

その留学生時代に親しくしていた、音楽にも強い関心を持たれたドイツ人のご婦人が、私をあるプロテスタントの共同体（修道院）に連れて行ってくれたのです。ヨーロッパの作曲界の内部で、自分自身の音楽の道を求めて、迷いながら彷徨していた時代でした。その修道院は、自然に恵まれた小高い丘の上にある質素ながらも清潔で美しい施設で、大きな農園をも所有していました。この修道院を創立したのは、その土地の貴族出身の女性で、その兄は反ナチの抵抗運動に加わったことにより、ナチスに処刑されたということでした。ドイツの最も困難な時代背景の中から、真の宗教の姿を求めて生まれた共同体なのでしょう。そこで私は農作業を手伝ったり、森の中を散歩したり、修道士さんたちと会話をさせてもらって、心に深い静けさを取り戻すことができました。そこで私は幸運にも、高齢の威厳ある院長先生と話す機会をいただきました。彼女は現代の宗教的霊性の危機的状況を深く感じとっておられ、キリスト教以外の東洋の宗教についても深い関心がおありでした。

その院長先生から私は、ファーザー・オシダ（Father Oshida）という凄い人が日本におられ、山奥で祈りと農耕の原初的な共同生活をされている、ということを聞いたのです。彼女は、それが一体どのような形態の共同体なのか、深い関心をお持ちでした。そしてその共同体に、彼女の共同体の修道女さんを派遣したいのだが、その案内役をしてくれないか、と私に頼まれたのです。

私はその当時から、西洋音楽の語法では私が本当に実現したい音楽は作曲できないと思い、東洋の音楽や伝統芸術のことを勉強し始めていました。西洋音楽の歴史の深さと豊かさは、ますます私を圧倒していくのですが、私の創りたい音楽は彼らとは音楽の根が違う。私の音楽は、彼らの作曲法からは生み出すことができない。しかしどのように東洋の伝統と向かい合えば良いのか、という暗中模索の中にいました。多くの東洋人の作曲家は、西洋音楽をよく学び、西洋音楽を土台とした音楽文法の上に東洋的な装飾的要素を混ぜて、「東洋的」な音楽を生み出しています。私はそうした異国趣味は表層的なもので、本当に東洋人の深みに根ざした音楽ではないと考えていました。

高森草庵に二人のドイツ人修道女と一緒に向かったのは一九八三年ごろの三月で、まだとても寒い時期でした。しかし天候が良く、雲ひとつない青空が広がっていて、信州の澄んだ空気はとても新鮮でした。駅から山道を迷いながらかなり歩いてようやくたどり着いたその高森草庵は、いくつかの家に分かれてひっそりとありました。ドイツの修道院とは異なり、それらは小さくて、一見とても貧しいものに見えましたが、何かとても懐かしいあたたかいものをその風景に感じました。押田神父は着ておられる服も農夫の野良着のようでありながら、自然体で着こなしがとても素敵なのです。今の若い人たちの言葉で言うと、押田神父は「クール」な人でした。農耕生活をしながらも、立ち振る舞いは気品があり、垢抜けています。ドイツ人修道女たちとは、流暢な英語とフランス語でお話しなさいます。その話の内容はとても豊かでユーモアもあり、一つ一つの言葉に深みがありました。私はそこに来るまでに、彼の著作をいくつか読んでいて、その感動を神父にお伝えしました。私はすぐにこの人は、「本物だ」と直覚しました。

もう四十年近い前のことで、そこでどんな生活をしたのか、よくは覚えていません。そこに暮らしていた数人の人たちと一緒に食事をし、祈りの時間を体験し、夜の就寝の前には、行火《あんか》に入れる炭の火を神父からいただき、その小さな暖かさを胸に抱くように眠りにつくのです。部屋の中はとても寒くて、外で着ていた服を全部そのまま着て布団にもぐった記憶があります。偶々《たまたま》真夜中に目を覚ました私は、厳寒の外に出てみたのですが、空には満天の星が輝いていました。あんな美しい原始の空は、見たことがありません。そして朝はとても早く起こされ、確か空《から》のプロパンガスの容器を叩く音が起床の合図であったようにも思います。朝の神秘的なミサにも参加させていただきました。そこでは、日本のキリスト教会で体験するような違和感を感じることがなく、深い神秘的な瞑想世界に入っていくことができました。

その後私は何度かお手紙でやり取りをしていただいた後、押田神父のお言葉を一人の読者としてさらに深く学んでいくことになりました。私が最も深く彼の思想で共感できたのは、「コト言葉」という思想でした。言葉が単なるオウムの模倣する言葉でもなく、また西洋風の理念の言葉でもない、「事・言」としての動的な生きた言葉を、私たちは失っているというのです。そのコト言葉は、意識以前の存在の声であり、深みから吹いてくる声なのです。

私が関わっているヨーロッパの現代音楽の世界は、第二次大戦後、とても知的な操作で音楽を作曲していくようになりました。ドイツのナチ時代には、音楽の情動的側面がファシズムに利用されていたのです。音楽の情動的な力を利用して、独裁者は民衆を扇動していきました。それへの反抗として戦後の音楽はスタートしました。そして音楽をできるだけ知的に構築し、情感を排除する音楽が主流となっていきました。押田神父の言葉で言えば、「理念の言葉」としての音楽なのです。出来るだけ音楽のエモーショナルな世界を抑え、知的に科学的に音楽を構築して、新しい響きを追求していくのです。さらにテクノロジーの発展に伴い、電子音、コンピューターを利用した音楽も生まれてきます。そうした音楽の多くは、音響は斬新で面白いのですが、私は感動することができません。それには突き抜けるものがないのです。大変見事に構築された音楽も、強い自意識、自我の表現で終わっているのです。私にとっては、音楽はそうした自我を超えた突き抜けた世界を感じさせる響きを持っていなければなりません。しかし、その響きがどこから来るのかは、作曲家自身もわからないのです。モーツァルトのクラリネット協奏曲やベートーヴェンの最後の弦楽四重奏曲、シューベルトの「冬の旅」は決して「理念の言葉」ではなく、それを突き抜けた世界からの響きなのです。

それではその「コト言葉」の音楽をどのように実現していけばよいのか。私はまだその課題を背負って、今も歩いています。押田神父の言葉の強さは、彼の自然と深く向かい合ったラディカルな生活から生まれたものでしょう。土に接して、自然の厳しさと恵みに深く関わることで、自我の匂いを消し、手仕事に集中し祈りの生活を続けていく。そうした人間の根源的な生き方の中からこそ、押田神父の「コト言葉」は生み出されてくるのだと思います。

しかし私には、そうしたラディカルな自然と一体化した生活はできませんでしたし、都会の音楽生活も必要でした。それで私は作曲を、音という庭畑を耕していく仕事のように捉え、そこで庭師のように、毎日寡黙に働きたいと考えました。そして出来上がった音楽作品は、その音の庭から生まれた「音の花」なのです。

押田神父は言われます、「いのり」は深みからの「いき」に乗るものだ、と。

最も深い音楽とは、「祈りの音楽」だと私はおもっています。音は息によって生まれます。「息」「風」、そして「聖霊」を意味する、ギリシャ語「プネウマ」――。深みからの「息」に乗れるような音を聴き出したい。聴いていて、その響きが私たちの自我を超えた場所から吹いてくる風を感じさせる、そんな音楽を探しているのです。

そのような願いを持った私にとって、押田神父の存在は、いつまでも私の心の内にあり、私に音楽の根源的なあり方を教えてくれています。

（ほそかわ・としお／作曲家）

解題　「九月会議」の霊機

宮本　久雄

『押田成人著作選集2　世界の神秘伝承との交わり——九月会議』は、表題が示すように「九月会議」が主なるテーマとされています。またそれと共に、「九月会議」へと至る道筋、すなわち押田師がさまざまな宗教や精神的伝統を生き抜《ひら》いている人々と出会った道行きと、「九月会議」が明確に示した、現代文明が抱える危機について師が語ったことばとが収録されています。

「九月会議」とは、今一口でいえば世界の苦しみをその生き身に運んでいる精神的指導者が、技術至上主義とそれに伴う精神的砂漠化が進む現代の物質文明に向き合い、宗教的神秘伝承の根に沈潜し、その「ながめ」から語り、学び合い、発言するべく開かれた円《まど》い・出来事でした。ですから本巻は、その会議の霊機に発する息吹《いぶき》気にわたしたちを乗せつつ、新たな九月会議に向けて杖を曳きゆくよすがとなることでしょう。

第1巻を承《う》ける本巻四章では「神秘的地下流とのめぐりあい」が活写されています。そこで描かれているのは、世界や宗教を超えた人々と押田師との出会いです。

本巻には、欧米やアジアのキリスト教徒、アジア・フィリピンのイスラム教徒、インドのヒンドゥー教徒、日本の仏教徒等とめぐりあった足跡が収められています。押田師が経験した出会いがすべて網羅されているわけではありませんが、これらによって師に与えられた出会いや縁の幅や奥深さが語られていることでしょう。しかも押田師が出会いの旅路においておのずからめぐりあったのは、現代の悲劇を全身で担い苦しんでいる人々や、伝統的宗教を含む神秘伝承に根ざしてそれを体現している人々でした。そうした人々との「ものがたり」がここでは繰り広げられているのです。

高森草庵に爽やかであたたかな風の余韻を残したフランシスコ会士の姿、身をもって謙遜な仕えを示したエチオピア教会の修道士の姿、そしてフィリピンのスールー島で出会ったイスラム教徒が見せた素朴ながらも出会った存在を歓待する人間性の発露は、誰の心にも深く止まります。エルサレムで与ったエチオピア教会のミサは師に東洋的神秘への新鮮な開眼をもたらしましたし、フィリピンのイスラム教徒と心を通わせて師の口からおのずから出た「私は、キリストにめぐりあった、仏教徒です」との自己紹介は、それ以後、高森の霊性の標語としてもたびたび発せられた本音、コトことばであったのです(本著作選集1巻をご参照ください)。

二十世紀に登場した巨星、トラピスト会士トーマス・マートンとの出会い・コト(事即言)も、わたしたちに強い印象を残します。マートンが示した、東洋では霊的円熟と実生活とが相即して霊的生活が深まるという洞察は、押田師の心にずっと響き続けていきました。

また、一層師の霊性を深め広げた霊機は、ガンジーやラマナ・マハルシといった行者が体現しているヒンドゥー教の伝承でした。そうした霊機とのめぐりあいは、ヒンドゥーの宇宙的本源的伝承に生きた元ベネディクト会士スワミ・アビシクタナンダや、英国国教会のマレー・ロジャース師を通して生じました。まるでガンジスの大河のようにあらゆる神秘を秘めもつヒンドゥーの生命伝承に比すると、日本仏教は師の霊眼にとって島国日本のように小粒に見えたのでしょう。

インドの旅路において行者と一少女に押田師が語ったカナダの原始林で出会った樵夫《きこり》の話は、何度耳にしても新しい霊風をもたらします。原始林で十二の年から大木を伐り続けてきたこの樵夫によって、押田師は「本当の謙遜」を知ったといいます。このような無心の人の前では、人間の言葉は何と虚しいことか、と。押田師は後年さまざまな出会いを振り返るなかで、もっとも印象深い出会いをしたのはこの樵夫とであったと述べています。

忘れてならないのは、こうした霊的息吹きにいざなわれて旅をする押田師にいつも伴っていたのは、彼の病だったということです。同伴した葛西實氏によれば、インドの旅の三分の一近くの日数、押田師は伏せっていました。それはエルサレムの旅においても同様でした。病を友としつつ、出会いを通して彼の霊機は培われていったのです。

押田師はインドやヨーロッパに目を向けるだけではなく、世界史の苦難が凝縮されたかのような韓国の民衆の心の痛みにも深く交感していました。韓国のガンジーとも言われる咸錫憲《ハムソクホン》、彼と金芝河《キムジハ》を支えた池司教との交わりからは、そのことが窺われます。韓国を植民地化した帝国日本を想起し、隣人として韓国の人々の受難の痛みに与るようにと押田師は常に説いていました。そのため師は、人間性の根から働く交感の自覚、つまり神秘的地下流に根ざすコトの自覚を担って生きたわけです。

この章の最後には、日本の禅仏教やプロテスタントの人々との出会いが描かれます。「禅とキリスト教の懇談会」には当時の日本の錚々《そうそう》たる精神的指導者（山田無文、有賀鐵太郎、北森嘉蔵、Ｈ・デュモリン等）が集まりました。その会では、各人が信仰の枠を超えて本音で語り合い、自らの歩みを祈りのうちに眺め共有しつつ、皆で同じ湯に浸かりながら時を共にしました。それを通じて押田師は、仏教的な慈悲に支えられて歴史的創造への参与に呼びかけられているというコト、同時にこの参与を次世代の若者とどう分かち合ってゆくのかが緊急の課題だというコトを痛感したといいます。

四章でちりばめられたこうした多彩な出会いや関わりが結晶してゆき、やがて五章に描かれる「九月会議」として花開くのです。

五章には「九月会議」のことばが収録されます。この会議は、一九八一年九月二十三日から三十日にかけて、信州・高森草庵で開かれました。押田師を始め、プロテスタントの葛西實氏、禅の鈴木格禅師の言挙げによって実現した、四十人近い世界の宗教・精神指導者が集った円いでした。

この会議は押田師が頭で計画を立て開催したのではありません。ＮＨＫの金光氏のインタヴューにおいて、師は会議開催の動機を「良心の奥の方から『緊急に、宗教界の責任ある立場の人々が集まらなければならない』という声が、次第に、はっきり聞こえてきたからだ」と答えています。人選についても「本当に、今の、この苦しんでいる人達の苦しみを運んでいる人達、それから、人類の危機というようなことを、観念じゃなしに、自分の生き身で、それをはっきり受け取っているような人達を招待した」と。

この会議の主旨は「招き」（85頁以下）に言上されていますのでここでは繰り返しませんが、九月会議の証言者である葛西實氏が今回お寄せくださったエッセイのことばをお借りすれば、この会議は「世界の自滅的動向を明確にし、その突破口を模索する」という課題に向き合ったものでした。

また葛西氏によれば、この九月会議は押田師の祈り「限りなきなみだの海に　消えず立たなむ」の一つの結実であったといいます。それを鑑みるならば、この九月会議そのものが「祈り」の場であったと言えましょう。押田師によれば、「祈り」という言葉は、いき（息）である「い」と、息に乗って運ばれることを意味する「のり」から成るといいます。パウロが、甦りの自由に与る産みの苦しみの中で被造的自然も共に呻き、人が真に祈れるように執り成すために聖霊も呻くと述べるような、その宇宙生命的な呻きの奥から、自分の息ではない彼岸の息に乗ぜられて起こるコトが祈りなのです。あるいは、存在の奥からいただいた生命・息をありがたいと感応する時に、彼岸の息に乗ぜられるものが祈りなのです。

その祈りのなかで参加者は寝食を共にしつつ、向き合うべき喫緊のテーマについてことばを交わしました。一人ひとりの人種や宗教が異なっていたにもかかわらず、皆不思議と同じ問題意識をもち、それぞれがその問題を自らのものとして受けとめ深めていったといいます。九月会議において、参加者が世界や歴史の呻き、あるいは民衆と共に生きてきた歩みを深い次元で共有できたのは、皆が祈りの根につながり、観念ことばによる会議や対話を棄てて、沈黙の世界に入っていたからこそでしょう。

そうした九月会議におけることばや証言は『九月会議』（思草庵、一九八四年）に収められています。紙幅の関係で今回この著作選集ではその一部しか取り上げることができませんでしたので、収録されなかった証言や参加者の横顔を少しご紹介することで、会議のさらなる響きに沈潜させていただきましょう。

会議の発起人の一人である鈴木格禅師は、道元禅師『正法眼蔵』を読みほごす眼光をおもちの曹洞禅家でした。『正法眼蔵に示される「空華《くうげ》」、すなわち世界全体は縁（関係）によって現象（色）し、華（色）咲き華散っており、その現象世界の真相は空だから、その空観に立てばものや自分の肉体的生や自分自身にさえとらわれず、思いやり深いまなざしをもって生きる――鈴木禅師はそういった方でした。その意味で、空華は東洋的な神秘的観想を示し、すべてを実体化して所有しようとする西欧的文明の自同を破り、人々の関わりを行雲流水《こううんりゅうすい》のごとく自由に解きほごすながめと言えましょう。九月会議の精神には、こうした空華によるながめの風も息吹いていたのです。

次はアメリカン・インディアンであるウォレス・ブラックエルク師の説く「生きる道」をお伝えしましょう。師は、白人が自分たちの言葉を英語化し、関わりをバラバラに分断して荒れ地のインディアン居留地（実際は、強制収容所）に押し込めたという歴史、先住民がキリスト教、軍隊、科学の力によって被った受難の歴史を語ります。科学者は工業技術によって緑の薪をくべ火をおこし、金銅鉄（岩）などを溶かし、水で冷やして自己中心的文明を造り続けている。キリスト教はそれに加担してきた、と。師は、この科学やそれにまつわる巨大な怪物を滅ぼすべく、今は「祖父」と「祖母」の許に心を一つにして祈り還る時だと述べました。この説示や塗炭の叫びによってわたしたちは、キリスト者が人々を虐げてきた歴史の重みや自然や先住民の受難に直面させられるのです。九月会議のとき、ブラックエルク師は「スウェットロッジ」というアメリカン・インディアンの浄めの儀式を行われました。それについては、河本和朗さんがお寄せくださったエッセイをお読みいただければと思います。

そのほかにも、日本の少年保護法の開拓者森田宗一氏、漂泊のお人村上光照禅師など、この円いの参加者やそこで分かち合われた内容についてはどんなに紙幅を割いたとしても語り尽くすことは難しいでしょう。

M・ロジャース師が九月会議を振り返って記した「あほう！」における「高森滞在一週間の間、共に散歩し、坐禅をし、食事をし、会議でお互いに分ち合うのと同じ位、何もしないでいる沈黙の中に祝福を見出した」といった告白は、参加者それぞれがことばをとおしてだけではなく、一つひとつの生活、そして沈黙を通して希望や受難を分かち合ったとのことを如実に映し出しています。

九月会議が行われたときはちょうど秋の豊かな実りのころであり、参加者は稲刈りにも励みました。秋の残照を受けて光り輝く稲穂のごとく、彼らが残したことばは今も深い光を放ち続けているのです。

次の六章「現代文明と受難」は、「九月会議」で明確にされた課題を自らの視座において直視するものとなります。そこには、押田師自身が今日の文明の終末的危機に立ち会って世界と共に受難する姿、霊機に己れを託してゆく姿も示されていると言えましょう。

師は、現代文明を表わす象徴として「パパラギ」という語を用いました。「パパラギ」とはサモア語で「空を打ち破って来た人」を意味しますが（『パパラギ――はじめて文明を見た南海の酋長ツイアビの演説集』立風書房、一九八一年。二〇〇九年にSB文庫より文庫版が刊行）、具体的には現代文明をもたらしたヨーロッパ人をさします。サモアの人が神の贈り物として皆で共有してきた土地を、「ここまではわたしの土地」「そこからはあなたの領地」と言い、所有の対象とする「パパラギ」。多く所有した者が権力を持ち、他人を支配する文明を樹立した「パパラギ」。賢人ツイアビはその白人社会を巡って、パパラギ文明を批判しました。それは先のブラックエルク師の叫びとも共鳴する憤慨です。さらにこれらのことばによって、わたしたちは自分のなかにある「パパラギ」とも出会わざるを得なくなるのです。

さらに、こうした批判は今日のパパラギ文明とも言える原子力発電にも直結します。二〇一一年に発生した東日本大震災の折、わたしたちは原発暴走の恐ろしさを目のあたりにしましたが、押田師はそれ以前から核文明に警鐘を鳴らしていたのです。それは押田師が根を見つめ、日々自然の呻きや声に直面するなかで、人間の自我によって培われる文明のなかにうごめくまやかしや嘘偽りを見抜き、肌で感じていたからでありましょう。

押田師はこうした現代文明に対して鋭い言葉をもって批判します。しかしそれは単なる文明批判や科学技術批判なのではありません。こうした現代に受難をもたらす文明や科学技術の根に「魔」を直観し、わたしたちが根に立ちかえろうとするときにそうしたものがその道を阻むことを看取していたからなのです。

師は、現代文明の根にある自我中心の所有概念を「魔の手」と呼び、その魔を超克するため無になることを力説しました。師によれば、無とは彼岸から吹く息気に誘われて生きること、具体的には名誉やお金によって動かないということがそのしるしです。無に生きている人との対話を通してこそ、歴史の新たな般若・知恵が現成する、と。師は実際、この魔の突破に向けて、お坊さんたちと天上天下無一物の托鉢を黙々と行持していました。それによって、「祈りの姿に無の風が吹く」托鉢的な生活こそが今日求められる生き方だと示されたわけです。

最後に高森草庵の慰霊林にふれましょう。押田師は、今日の集団的エゴイズム、国家主義的ナショナリズムの只中に、新しい和解と相生を開く道行きの一里塚として、犠牲になった人々の痛みを知る重要性を説き続けました。その底にあった師自身の痛みの体験が「慰霊林の由来」には示されています。第二次大戦等によって犠牲になった朝鮮、東南アジア、中国などの人々の霊位がおかれている慰霊林は、受難の人々と出会う巡礼の旅をした押田師の生涯の本願から成り立っており、慰霊林にある碑には「限りなきなみだの海に　消えず立たなむ」との祈りが刻まれています（口絵の写真参照）。

このような師のことばに出会ったわたしたちは、「今・ここ」でどのように九月会議の精神を生きることができるのでしょうか。その問いを照らすべく、押田師のことばをもって、解題の筆をおくことといたしましょう。「目標はただ深みに向けて漕ぎゆくこと。……私も九月会議とは何であったのかを、日々味わいを深めています」。

燈々無尽

（みやもと・ひさお／ドミニコ会司祭）

出典一覧

＊（ ）内が文書の出典表記となります

四　神秘的地下流とのめぐりあい

「南方より微風ありき」（『藍の水』思草庵、一九七七年）
「パゴダの陽光」（『道すがら』地湧社、一九六九年）
「イエルザレム」（『孕みと音』地湧社、一九七六年）
「ガンジスの月」（『孕みと音』）
「いくつかのめぐりあい」（『孕みと音』）
「スールー島の回教徒たち」（『孕みと音』）
「キム・ジ・ハと池司教」（『孕みと音』）
「潮騒のまにまに」（『孕みと音』）

五　九月会議

「招き」（『九月会議』思草庵、一九八四年）
「参加者」（『九月会議』）
「ガンジーなきあと」（『九月会議』）
「人間性の根の養い」（『九月会議』）
「歴史の意味」（『九月会議』）
「犠牲のうちに会議を支えている人々」（『九月会議』）
「地下水を求めて」（『九月会議』）
「会議の終わりに」（『九月会議』）
「あほう！」（『九月会議』）
「あとがきにかえて」（『九月会議』）
「ただ深みに向けて漕ぎゆく」（「湧」一九九八年一月、地湧社、15―17頁）
「《エッセイ》ウォレス・ブラックエルクさんが伝えようとしたこと」書き下ろし文書

六　現代文明と受難

「霊的なもの、かけがえのないもの」（『祈りの姿に無の風が吹く』地湧社、一九八五年）
「祈りの姿に無の風が吹く」（『祈りの姿に無の風が吹く』）
「現代の受難」（『祈りの姿に無の風が吹く』）
「日本人への直訴」（『祈りの姿に無の風が吹く』）
「パパラギ暴力（―中近東での翻訳を禁ず―）」（「ナーム」一九八四年三月号、水書房、12―17頁）
「原発事故の背景」（「湧」一九八七年五月、8―9頁）
「なみだの海に消えず立たなむ」（「湧」一九九二年十二月、12―16頁）

「慰霊林の由来――動機と社会的構造」(「草庵だより」二〇〇一年十二月)
「《コラム》高森の慰霊林」(『押田成人神父追悼集(その二) 湧《あふ》るれは《ば》』5―6頁)

その他

「《寄稿エッセイ》九月会議の息吹き」書き下ろし文書
「《寄稿エッセイ》押田成人神父との出会い」書き下ろし文書
「解題『九月会議』の霊機」書き下ろし文書

押田成人（おしだ・しげと）

1922年生まれ。カトリック・ドミニコ修道会司祭。旧制第一高等学校卒業後に洗礼を受け、東京大学文学部哲学科卒業の後、修道生活に入る。1963年より信州・八ヶ岳山麓に「高森草庵」を結び、農耕生活を営むかたわら、祈りと思索の日々を送る。草庵に杖をひく、国や宗教を超えた人々との対話、インドや韓国の精神的指導者たちとの協働、世界各国における霊的指導を通して、人間の宗教的生命をあらわして生かす「地下流の霊性」を編んでゆく。2003年11月6日逝去。

編者

宮本久雄（みやもと・ひさお）

1945年生。東京大学、パリ第四大学、エルサレム聖書研究所等で学ぶ。現在、東京純心大学教授、東京大学名誉教授、ドミニコ修道会司祭。神学マギステル。著書に『他者の甦り』（創文社）、『他者の風来』（日本キリスト教団出版局）ほか。

石井智恵美（いしい・ちえみ）

1960年生。同志社大学大学院、ミュンヘン大学大学院等で神学を学ぶ。日本基督教団教師、農村伝道神学校講師。共著に『現代世界における霊性と倫理』（行路社）、『牧師とは何か』『10代のキミへ』（共に、日本キリスト教団出版局）ほか。

押田成人著作選集 2

世界の神秘伝承との交わり　九月会議

2020年　5月25日　初版発行

発行 ………… 日本キリスト教団出版局

〒169-0051　東京都新宿区西早稲田 2-3-18

電話・営業 03（3204）0422、編集 03（3204）0424

http://bp-uccj.jp

印刷・製本 … 精興社

ISBN 978-4-8184-1054-1　C0016

Printed in Japan